市町村制質問録

片貝正晋 編述

地方自治法研究
復刊大系〔第六一巻〕

市町村制質問録

日本立法資料全集 別巻 751

信山社

片貝正晉編述

市町村制質問録

博聞社藏版

正誤

四十九丁ヨリ六十三丁ニ至ル見出シ中

第一章第三欵ハ第二章第一欵ノ誤リ

緒言

當社曩ニ市町村制正解ヲ出版シ看官ニ於テ質疑アラハ回答ノ勞ヲ取ランヿヲ約セシニ爾來疑問回答積テ卷ヲ成セリ而メ其疑問タル單ニ法文ノ解釋ニ止マラス實施ノ順序方法ニ渉ルモノアリ又同制ニ關スル各種ノ註釋書中彼此說ノ異ナル所ヲ指摘シテ其判明ヲ求ムルモノアリ因テ一々之ヲ詳論シ罷メテ明晰ヲ要セリ是ヲ以テ百般ノ疑義釋然問答ノ間タ自カラ細微ノ法意ヲ發揮シ又餘蘊アルナシ今ヤ本制ノ條項ニ據テ之ヲ輯錄シ以テ世ニ公ニス大方諸君若シ猶ホ疑義アラハ幸ニ質問アレ當

社速ニ回答ヲナシ相共ニ之ヲ講究シテ世益ヲ裨補センヿヲ期ス

明治二十二年一月

博聞社長　長尾景弼謹識

市町村制質問録目次

第一章　總則

第一款　市（町村）及其區域

第二款　市（町村）住民及其權利義務

テ指定セラル、島嶼（小笠原島伊豆七島等ノ類ナルヘシ）ニハ町村制ヲ施行セラレサルヲ以テ該地ハ本問題ノ外タルヘシ故ニ第百三十二條ハ第一條ノ但書ト見做スモ亦可ナリ

町村ノ定義

町村ノ定義ヲ問フ　現今ハ町中ニ村アリ又村中ニ町アリ是等ハ何ト稱スヘキヤ

（答）本制ニ所謂町村ハ一區域又ハ一部落ヲ指シタルモノニシテ一宿内ニ數町名アルノ類ニ關係ナシ例ヘハ熊谷驛中ニ町村名アルモ單ニ熊谷町（或ハ村）ト稱シ川崎驛ヲ川崎村（或ハ町）ト稱スルノ類ナリ

第二條　（市制町村制）

法律上一個人

市（町村）ハ法律上一個人云々　トアリ又第十二條第三項其他ニ法人トアリ其意義ニ區別アルヤ

（答）意義ニ區別ナシ法人トハ即チ法律上一個人ト云フノ義ナリ本條ニ市

ハ法人ナリト揭ケラルレハ或ハ法人ノ解釋ニ惑フ者アラン故ニ法律上云々ト丁寧ニ示サレタルハ立法者ノ用意親切ナルナリ

第三條 （市制、町村制）

從來ノ區域

從來ノ區域トハ古來ヨリノ區域ナリヤ又ハ現今ノ戸長役場管轄區域ナルヤ

（答）從來トハ以前ヨリ繼續シ來リテ現ニ存在ノ儘ヲ云フノ意ナリ故ニ從來ノ區域トハ現在ノ某町某村ノ區域ナリ又市トナルノ地ハ例ヘハ東京十五區ノ朱引内大阪ノ四區内ヲ指シタルモノト知ルヘシ

從來ノ區域

從來ノ區域トハ明治十一年第十七號布告郡區町村編成法ニ依リ定マリアル町村ノ區域ヲ云フモノナルヤ

（答）然リ、但此法律施行ノ時マテノ區域モ亦從來ノ區域ト稱スヘシ

從來ノ區域

現存ノ町村ハ地租改正ノ際合村シタルモノアリテ其區域或ハ自治團體

第二欵　市〔町村〕ノ歲入出豫算及決算

市町村制質問錄

片貝正晋編述

第一章　第一欵

第一條（市制、町村制）

郡ノ區域ノ定義

郡ノ區域ニ屬セストハ自治行政上ハ勿論地理學上ニ於テモ市ヲ郡ノ區域ヨリ分離セシムルノ意ナルヤ

（答）地理學上ノ區畫ニ關係ナシ故ニ市制施行後ノ全國行政區畫ハ府、縣、郡、市、町、村トナルヘシト雖モ地理學上ノ區畫ハ從前ノ如ク國、郡、町、村ナルヘシ

市ト爲スノ主權

別ニ市ト爲スハ何人ノ主權ナルヤ

（答）市制第百二十六條ニ明文アリ、市ト爲スノ地ハ內務大臣府縣知事ノ具申ニ依リ之ヲ指定セラルヘキヲ以テ市制施行ノ初ニ當テハ市ト爲スト否ト

市ト爲ス地ノ人口

ノ主權ハ該大臣ニ在リ然レ𪜈市制施行後町村ノ發達シテ之ヲ市ト爲サントスルニ當リテハ本制ニ明文ナキヲ以テ其主權ノ何レニ屬スルヲ知ルニ由ナシ但理由書ニ依レハ此種ノ要件ハ郡制制定ノ時ニ至テ確定スルコトアルヘシトアレハ之カ確定ヲ見ル蓋シ遠キニアラサルヘシ

市ト爲スノ地ノ人口 ハ理由書ニ依レハ凡ソ二萬五千以上トアリ其二萬五千ト定メラレタル標準ハ歐米各國ニ其例アリヤ

(答) 獨英兩國ノ市ハ其成立ノ淵源ヲ我邦ト異ニシ且制度上人口ヲ標準トシテ市ト町村トノ別ヲ定メス又佛國ニハ市ト町村トノ區別ナキヲ以テ自ラ其人口大ニ異同アリ我市制施行地人口ノ標準ハ我地方ノ實況ヲ審査ノ上定メラレタルハ言ヲ竢タスト雖𪜈又孛國市郡(スタットクライス)ノ制ニ類スル所アリ茲ニ一千八百八十一年三月十九日制可改正郡治章程第四條ノ全文ヲ揭ケ參考ニ供スヘシ

〔參照〕
府縣制第二條
郡制第一條
市制第四條
郡制第四條市郡

町村制ノ施行地

各市街住民ノ口數少ナクモ二萬五千人（但現役ノ軍人軍屬ヲ除ク）ニ至リ且現ニ他ノ野郡ニ屬スルモノハ自今其管轄ヲ脫シ別ニ獨立ノ一市郡ヲ爲スコトヲ得セシム

但其分離獨立ハ市街ヨリ稟請ノ上內務大臣之ヲ令ス

其口數未タ二萬五千ニ滿タサル市街ト雖モ特別ノ事情アルトキハ勅令ヲ以テ其分離獨立ヲ得セシムルコトアルヘシ

總テ分離ヲ爲スニ方リ必ス先ツ協議ヲ遂ケ以テ共同負債及共有財產ヲ分別シ又新古兩郡ノ共同事業ニ涉ル諸課役ヲ分配シテ新設市郡ノ負擔スヘキ部分ヲ定ムヘシ

町村制ハ市制ヲ施行スル地ヲ除キ總テ町村ニ施行ストアリ然ラハ兩制施行後ハ日本全國中ノ土地ハ市ニ屬セサレハ必ス町村タルヘキヤ

（答）然リ、但第百三十二條ニ明文アル如ク北海道、沖繩縣其他勅令ヲ以テ追テ指定セラルヽ島嶼(小笠原島伊豆七島等ノ類ナルヘシ)ニハ町村制ヲ施行セラレサルヲ以テ該地ハ本問題ノ外タルヘシ故ニ第百三十二條ハ第一條ノ但書ト見做スモ亦可ナリ

町村ノ定義

町村ノ定義ヲ問フ　現今ハ町中ニ村アリ又村中ニ町アリ是等ハ何ト稱スヘキヤ

(答)本制ニ所謂町村ハ一區域又ハ一部落ヲ指シタルモノニシテ一宿内ニ數町名アルノ類ニ關係ナシ例ヘハ熊谷驛中ニ町村名アルモ單ニ熊谷町(或ハ村)ト稱シ川崎驛ヲ川崎村(或ハ町)ト稱スルノ類ナリ

第二條　(市制町村制)

法律上一個人

市(町村)ハ法律上一個人云々　トアリ又第十二條第三項其他ニ法人トアリ其意義ニ區別アルヤ

(答)意義ニ區別ナシ、法人トハ即チ法律上一個人ト云フノ義ナリ本條ニ市

ハ法人ナリト揭ケラルレハ或ハ法人ノ解釋ニ惑フ者アラン故ニ法律上云々ト丁寧ニ示サレタルハ立法者ノ用意親切ナルナリ

第三條　（市制、町村制）

從來ノ區域

從來ノ區域　トハ古來ヨリノ區域ナリヤ又ハ現今ノ戸長役場管轄區域ナルヤ

（答）從來トハ以前ヨリ繼續シ來リテ現ニ存在ノ儘ヲ云フノ意ナリ故ニ從來ノ區域トハ現在ノ某町某村ノ區域ナリ又市トナルノ地ハ例ヘハ東京十五區ノ朱引内大阪ノ四區内ヲ指シタルモノト知ルヘシ

從來ノ區域

從來ノ區域　トハ明治十一年第十七號布告郡區町村編成法ニ依リ定マリアル町村ノ區域ヲ云フモノナルヤ

（答）然リ、但此法律施行ノ時マテノ區域モ亦從來ノ區域ト稱スヘシ

從來ノ區域

現存ノ町村　ハ地租改正ノ際合村シタルモノアリテ其區域或ハ自治團體

トナスニ過大ノモノハ如何處分スヘキヤ

（答）已ムヲ得スンハ適當ノ區域ニ分割スルヲ得ヘシト雖モ現在ノ町村ニシテ自治制ヲ施行スルニ足ルモノハ成ルヘク其現形ヲ存スルヲ此法律ノ原則トス

従來ノ區域

町村ノ區域　狹少戸口僅少ニシテ獨立ノ自治團體タルヲ得サルモノハ合併セサルヘカラス其手續等ハ如何

（答）區域狹少ニシテ合併ヲ要スルトキハ郡區町村編成法ニ準據シ成ルヘク人民ノ請願ニ基キ合併ノ處分ヲ爲スヲ要ス

町村名稱

町村制施行後　ハ宿驛濱市新田鄕等ノ名稱ヲ付スヘカラサルヤ

（答）名稱ヲ存シ置クハ妨ケナシ

將來ノ變更

但將來其變更ヲ要スルコトアルトキハ此法律ニ準據ス可シ

トアリ茲ニ將來ト謂ヘルハ市町村制施行後ノ場合ヲ指シタルモノナルヘシ

然ルニ今日現存ノ町村中分合ヲ要スルモノ夥多アリ之ヲ分合セサレハ新制ヲ施行シ難シ又强テ分合ヲ行ハヽ法律ニ背クノ恐アリ或ハ町村制施行ノ際ニ假ニ郡區町村編成法第八條ニ依リ區域ノ變更ヲナスヘキヤ是モ亦無要ノ手數ト思考ス如何

（答）市町村制ニ本問題ノ如キ事件ニ對スル處分法ナシト雖モ此等臨機ノ處分ヲ要セハ人民ノ希望スル所ニ基キ郡區町村編成法ニ從ヒ豫メ區域ノ變更ヲナスヲ至當ト信ス若シ然ラスンハ區域變更處分後必ス人民ノ苦情百出當局者ノ困難ヲ來スヘシ

第四條（市制、町村制）

第四條適用

本條ハ市制町村制施行ノ創メニ方リテモ適用スルヲ得ヘキヤ

（答）第三條但書ノ意ヲ以テ推ストキハ之ヲ適用スルヲ得サルヘシ

廢置分合

廢置分合トハ同意義ナルヤ

（答）廢置ト分合トハ別義ナリ例ヘハ一村退轉シテ村名ノミ存スルモノヲ廢スルヲ廢ト云ヒ又新開地ニ新ニ村ヲ置クヲ置ト云フ分合ハ解説ヲ待タス

廢置分合

廢置分合ヲ要スルトキ云々府縣參事會之ヲ議決ス トアリ然ラハ廢置分合ヲ要スルト認ムルモノハ府縣參事會ニ限ルヘキヤ

（答）然ラス人民ノ請願若クハ町村會又ハ郡參事會ヨリノ建議ニ基因スルト否トヲ問ハス町村ノ廢置分合ヲナスハ府縣參事會ノ權限ニ屬スル旨ヲ規定シタルモノナリ

町村ノ廢置等ハ郡界ニ及フ

町村ノ廢置分合又ハ境界變更ノ爲メニ郡界ニ變更ヲ來スヘキトキハ如何

（答）郡界モ從テ變更スルハ已ムヲ得サルナリ

町村境界ノ變更

町村境界ノ變更ニハ地主ノ意見ヲ聞キ廢置分合ニハ之ヲ聞カサルハ如何

(答)境界ノ變更ハ一部分ノ利害ニ關スルヲ以テ地主ノ意見ヲ聞クヲ要スレトモ廢置分合ニ至リテハ其町村全体ノ利害ニ關スルヲ以テ町村ノ代表者タル町村會ノ意見ヲ聞クノ外地主ノ意見ヲ聞クノ必要ナシ

關係者ノ意見

第二項ニ意見ヲ聞キ云々參事會之ヲ議決ス　トアリ若シ關係者ニ異議アルトキハ如何

(答)異議アラハ之ヲ行ハサルヲ正則トス第三項ハ之カ變則ナリ

境界ノ變更

町村境界ノ變更ハ郡參事會之ヲ議決ス市ノ境界ニ渉ルモノハ府縣參事會之ヲ議決ス　トアルヲ某社出版ノ釋義ニ「其郡參事會ニ於テ議決シ府縣參事會ニ於テ議決スルハ其間兩項ニ輕重アルニヨレリ」ト解セリ果シテ然ラハ同シク最下級ノ自治體ニシテ市ト町村トハ其權利ニ輕重アリヤ如何

(答)郡參事會又ハ府縣參事會ニ於テ議決スルハ決シテ其事項ニ輕重アルカ

爲ニアラサルヘシ元來本制ノ仕組タル自治行政區ヲ分テ左ノ圖系ノ如ク定メラル

府縣……市
　郡……町村

自治行政區ハ府縣、郡、町、村ノ三階級ニ分ツヲ通例トシ中ニ就テ人口凡二萬五千以上ノ市街地ニシテ市トナスノ地ハ其性質タル町村ト同シク最下級ノ自治區ナリト雖モ只便宜上郡ノ區域ニ屬セシメサルノミ孛國ノ郡制ニ所謂市郡（スタットクライス）ノ類ナリ故ニ町村境界ノ變更ニシテ市ニ渉ルモノハ郡參事會ノ權力之ヲ議決スルヲ得サルヲ以テ郡ヨリ一階上級ノ府縣參事會ノ議決ニ付シタルモノナリ畢竟市ハ町村ノ大ナルモノニシテ併セテ郡ト對等ノ地位ニ在ルモノト云フヘシ

内務大臣ノ許可

内務大臣ノ許可ヲ受クルハ　參事會長ナルヤ又ハ府縣知事ナルヤ

（答）自治事務ニ屬スルヲ以テ參事會長ノ名義ニテ府縣知事ヨリ大臣ノ許可ヲ受クヘシ

數郡若クハ市ニ渉ル變更

數郡ニ渉リ若クハ市ノ境界ニ渉ルトキハ關係者ノ意見ヲ聞クノ明文ナシ果シテ之ヲ聞クノ必要ナキヤ如何

（答）全項ノ文意ヲ推セハ關係アル地主、市町村會及郡參事會ノ意見ヲ聞クヘキハ勿論ナルヘシ

町村合併

此法律施行後資力法律上ノ義務ヲ負擔スルニ堪ヘサルノ見込アル町村ハ本項ニ準シテ之ヲ合併スルヲ得ヘキヤ

（答）本項ノ精神ヲ標準トシテ現行規則ニ依リテ合併ノ處分ヲ行ヒ有力ノ町村ヲ組成スルヲ必要トス

義務負擔ニ堪否ノ程度

法律上ノ義務負擔ニ堪否ノ程度アリヤ

（答）町村ノ資力法律上ノ義務ヲ負擔スルニ堪ルヤ否ノ程度ニ至テハ實地上

ノ問題ニシテ當局者カ其地方人口ノ多寡、貧富ノ程度及經濟ノ實況ヲ査察ノ上決定スヘキモノニシテ豫メ一定ノ限度ヲ示シ得ルモノニアラス然レ𪜈本制ニ於テ必要トスル所ハ其町村ノ人民中ニ公民權ヲ有スル者アルコト、其町村ノ資力ハ町村必要ノ費用ヲ支出スルニ差間ナキコト、其人文ノ程度ハ町村吏員トナリテ其町村事務ヲ措辦シ得ル人アルコト等ナリ即チ義務負擔堪否ノ程度ハ獨立自治體タル事務ノ措辦ト費用ノ支出ニ差間ナキト否トニ在リト云フモ不可ナシ

第三項ノ處分

第三項　ノ處分ハ何人之ヲ爲スヤ

（答）廢置分合ハ第一項ニ依リ府縣參事會之ヲ爲シ境界ノ變更ハ第二項ニ依リ郡參事會若クハ府縣參事會之ヲ行フナリ

財産處分

町村ノ財産處分ヲ要スルトキ　トハ例ヲ擧ケテ言ヘハ如何ナル場合ナルヤ

（答）例ヘハ甲町村ヲ廢シテ乙町村ニ合併スルニ當リ甲町村ニハ所屬ノ學校若クハ病院ノ如キ營造物若クハ町村有田畠アランニ其財產ハ後來之ヲ新設ノ全町村ノ所有トナスヘキヤ又ハ其町村內一部（即チ舊町村ノ區域）所屬財產トナスヘキヤヲ議決スルノ類ナリ

數戶長役場ノアル場合

一區域ヲ以テ一町村トナスニ當リ從來數戶長役場アルモノハ其措置如何

（答）舊役場ヲ廢シ更ニ一ノ町村長役場ヲ置カサルヲ得ス

學區ハ自治ノ區域ト同一ナラス

學區ハ　現今ノ町村ノ區域ト同一ナラサルモノアリ此法律施行ノ後ハ猶更犬牙錯雜ノ狀況トナリ且學區ノ管理ニ統一ノ便ヲ缺クヘシ如何

（答）學區ハ此法律ニ關係ナシト雖モ必ス適當ノ變更ヲ學區ニ行ハサルヲ得サルヘシ

數町村合併ノ名稱

數町村ヲ合併シ一ノ町村ヲ設ケタルトキ　其名稱ハ如何

（答）其地ニ緣故アル名稱ヲ設クヘシ

第五條　（市制、町村制）

市町村境界ノ爭論

ハ行政裁判所ニ出訴ヲ得セシメ財產處分ノ爭議ハ府縣參事會（第四條ニ依レハ）ノ議決ニ放任ス其輕重アルハ如何

（答）境界ノ爭論及財產處分ノ爭議ハ何レモ行政上ノ處分ニ原因スルモノニシテ之ヲ上級官廳ニ訴フルハ訴願カ又ハ行政裁判ノ二途アルノミ而シテ其訴願ニ屬スヘキモノト行政裁判ニ屬スヘキモノトノ區別ヲナスハ學理上至難ノ問題ナルヲ以テ歐米諸國ニ於テモ各皆其例ヲ異ニセリト云フ本制ニ於テハ公法上ノ權利ニ關スル事件ハ行政裁判所ニ出訴スルヲ許シ其他ハ總テ內務大臣ニ訴願セシムルコトヽナシ以テ訴願ト行政裁判トノ區別ヲ明ニセリ而シテ境界ノ爭論ハ律眼ニ於テ公民權選擧權等ノ爭訴ト同シク公法上ノ權利ノ爭論ナリト認メ行政裁判ニ屬シ財產ノ處分ハ町村ノ廢置分合ト同シ

ク純然タル行政處分ナルヲ以テ之ニ不服アルトキ其處分ノ矯正ヲ內務大臣ニ訴願スルモノト定メラレ一ハ行政裁判所ノ裁判ヲ終局トシ一ハ內務大臣ノ裁決ヲ終局トシ權利上互ニ輕重アルコトナシ故ニ質問者ノ財產處分ノ爭議ハ府縣參事會ノ議決ニ放任スト云ヘルハ誤解ナリ又本制中府縣參事會之ヲ議決ストアリテ其下ニ行政裁判所云々ノ文字ナキ條ハ總テ第百十六條(市制)第百二十條(町村制)ニ依リ內務大臣ニ訴願スルヲ得ヘキモノナリ

町村ノ境界ニ關スル爭論

町村ノ境界ニ關スル爭論トハ如何ナル爭ヒナルヤ

(答)町村ノ地籍ヲ爭フ場合ヲ云ヒ山林秣塲ノ如キ一個人ノ所有權ノ爭論ハ民法上司法裁判ヲ受クヘキヲ以テ本條ノ範圍外トス

行政裁判所

行政裁判所トハ如何ナルモノナルヤ

(答)行政裁判所トハ公法上ニ於テ人民ノ權利ヲ保護スルヲ目的トスル法衙ナリ行法權ヲ分テ司法ト行政トノ二トナセシ以來各國大概(我邦ニ於テモ

亦然リ）刑事裁判ノ外私法上ノ訴訟裁判ヲ通常裁判所ノ職掌トナシ公法上ノ訴訟殊ニ行政廳ニ於テ國家ノ主權ヲ施行スル際ニ起ル訴訟裁判ヲ行政廳ノ職掌トナセリ而シテ公法上ノ訴訟ニ限リ通常裁判所ノ判決ニ委任セサルモノハ若シ司法官ニ於テ行政官カ國憲ニ依リテ處分シタル事件ニ基因スル爭議ヲ裁決スルトセンカ行政廳ヲ一個人民ト同一視スルノ嫌アリ且行政權ハ常ニ司法權ニ服從セサルヘカラサルニ至リ固ヨリ事理ニ當ラサルノミナラス行政ノ事務日ニ月ニ増加スルヲ以テ司法官カ行政ノ法規及行政ニ關スル諸事項ヲ通熟知得スルハ實ニ容易ノ業ニアラサルヲ以テナリ是レ近今歐米諸國ニ於テ公權上ノ爭議ハ獨立不羈ノ行政裁判官ノ裁決ニ委スルヲ以テ適當トナセル所ノ理由ノ梗概ナリ

我邦ニハ未タ行政裁判所ノ設置アラサルヲ以テ其組織及權限ニ關シ推測ヲ下スコト頗ル難シ然レ𪜈之ヲ本制中ノ明文ニ照シ歐米各國ノ行政裁判法ヲ

現行行政裁判法

參シ考フルトキハ思其半ニ過クヘシ本制中訴願及出訴ニ關スル諸條ヲ通讀スレハ郡參事會ハ行政裁判ノ始審裁判所兼初級訴願門府縣參事會ハ行政裁判ノ始審及控訴(郡參事會ニ對シテ)裁判所兼初級及二級(郡參事會ニ對シテ)訴願門ニシテ其訴願ノ終局ハ内務大臣ナレハ又之ニ對立スル終審行政裁判所ハ必ス一個所タルヘキハ之ヲ推想スルニ堪ヘタリ然レトモ行政裁判所ハ孛國ノ如ク伯林府ニ全國ノ總理裁判所ヲ置カルヘキヤ佛國ノ如ク參事院ノ一部ヲシテ行政裁判ヲ爲サシムヘキヤ否ハ該裁判法公布ヲ俟テ始テ知ルヘキナリ

我邦ニ未タ行政裁判所ノ設ケアラスト雖モ行政裁判法ハ既ニ明治五年第四十六號布達ニ其端ヲ發シ爾後修正増補ヲ經テ現行ノ成規ヲナセリ即チ戸長郡區長ノ行政處分ニ不服アル者ハ之ヲ始審裁判所ニ府縣知事各省大臣ノ行政處分ニ不服アル者ハ之ヲ控訴裁判所ニ出訴ス其各裁判所ノ判決ハ内閣ノ

裁可ヲ經テ之ヲ申渡スノ成規ナリ故ニ行政裁判上ノ事件ハ自ヲ普通裁判上ノ事件ト區別ヲ存シ其最上裁判權ハ最高等行政廳ノ掌握スル所トナリ行政裁判法ノ原則ニ適合セリ依テ想フ將來行政裁判所設立ノ後ト雖モ現行ノ成規ニ大ナル變動ヲ來スコトアラサルヘシト

行政裁判所ノ判決ハ控訴ヲ許サス

行政裁判所ノ判決ニ對シテ他ノ裁判所ニ出訴スルヲ得ルノ途ヲ設ケサルモノハ訴訟ノ停止スルコトナキノ弊ヲ防クカ爲メナリト某註釋書ニ載セアリ果シテ然ルモノナルヤ

（答）是ハ司法裁判ト行政裁判トノ區別ヲ明ニセサルヨリ生セシ謬說ト云フヘシ中央行政裁判所ハ行政裁判ノ終審廷ニシテ恰モ民事裁判ノ大審院ニ於ケルカ如シ彼ト此トハ互ニ裁判ノ系統ヲ異ニセリ

第二欵

第六條　〔市制、町村制〕

住民

市住民ニ内外國人ノ別アリヤ

營造物ト財產ノ別

住民 ニハ本籍寄留ノ別ナキヤ

(答) 苟クモ其地ニ居住スル者ハ總テ住民ニ〆戸籍上ノ稱呼區別ニ關係ナシ

市(町村)住民 中ニハ内外國人ノ別ナキヤ

(答) 我邦ト各訂盟國トノ條約改正內地雜居ノ後ハ外國人モ亦住民權ヲ得ヘシ夫迄ハ彼輩ハ我法律範圍外ノ覊旅ノ客ナリ他ノ二三註釋書ニ住民トハ内外國人ノ區別ナク云々苟モ住居ヲ定ムル者ニ住民タルノ公權ヲ與フトアリ法文ノ解釋ハ當ニ此ノ如クナルヘシト雖モ目今ハ之ヲ適用スルヲ得ス質問者注意ノ爲メニ附言ス

營造物ト財產 トニ區別アリヤ

(答) 學校病院水道瓦斯局ノ如キ其物ノ無形ノ作用ニ就テ云ヘハ營造物ナリト雖モ其學校等ヲ形作ル土地家屋ノ其物ノ如キ有形ノ物質ニ就テ云ヘハ財產ナリ

營造物トハ建築物ノ義ナリヤ

（答）營造物ノ文字ハ元來飜譯字ニテ學者間適當ノ譯字ナキニ苦メリト云フ是迄設造物若クハ建設物等ノ字ヲ用ヒタルコトアリテ一定セス故ニ正解ニハ英語ヲ繙註トナシ讀者ノ便ニ供シ置キタリ併シ營造物トハ建築物ヨリハ其意義汎博ニシテ單ニ堤塘ノミヲ以テ成立ツ所水道溜池ノ如キモ亦其中ニ包含セルナリ

營造物並市有財產ヲ共用スルノ權利ヲ有シ　トアリ其註解ニ營造物（學校病院水道瓦斯局ノ類）並市有財產ヲ其市ノ住民ト共用スルノ權ヲ有ス云々又例ヘハ東京市民ハ市立學校又ハ水道ヲ共用スルノ權アルヲ以テ其學費水道金ヲ支出スルノ義務アルハ當然云々トアリ思フニ財產トハ吾人ノ特有シ得ヘキ資產トナルヘキ權利即チ公私人ノ有形無形ノ要用ニ充タス收利カ即チ財產ナレハ學校ナリ病院ナリ市立ニシテ其市（公人即チ法人）ノ所有タル以

営造物

上ハ即チ財産ノ一部ナリト信ス然ルニ之ヲ特ニ営造物ト別記セシ所以ハ該註解ニ依リテ瞭知シ難シ正文ニ営造物トアルハ或ハ公立ノ學校病院其他ノ物件ヲ指ス義ニテハ之ナキヤ

（答）営造物ノ財産タルノ解ハ貴説ノ如ク既ニ市有財産トアレハ其中ニ公共営造物ノ大概ハ包含スヘシト雖モ市制第六條ニ営造物ト別記シアルハ市有財産中其作用ニ對シテ云フトキハ営造物タル學校病院等ノ如キモノアルヲ以テナリ本條ノ正文ヲ平易ニ解釋スレハ住民ハ市有財産ナル営造物ヲ共用スルノ權利アリ若シ営造物ノ外ニ他ニ財産アラハ之ヲモ共用スルノ權利アリト云フカ如シ故ニ正文ノ営造物トアルハ公立（即チ府縣立）ノ學校ヲ指ス義ニアラサルヤ明ナリ

病院學校等ニシテ其家屋校舎ノ他人ノ所有スルモノモ亦之ヲ営造物ト云フヤ

營造物

(答) 家屋校舍ハ他人ノ財産ナルモ無形物ナル學校病院ハ營造物ナリ

里道ニ架設スル橋　ノ如キ亦營造物ナルヤ

(答) 橋梁ノ如キ其物ハ財産ナレトモ其作用ニ對シテハ營造物トス

市ノ負擔分任

市(町村)ノ負擔ヲ分任ス　トハ其意如何

(答) 市(町村)住民ハ市町村ナル法人(自治體)ヲ組織スル一分子ナレハ其法人ニ對シテ市(町村)税等ヲ納ムルノ義務ヲ負フナリ

民法上ノ權利義務

民法上ノ權利及義務ヲ有スル者　ノ例ヲ示サレタシ

(答) 此ニ市町村共有ノ田地アリ相當ノ地代ヲ取リ之ヲ人ニ貸シテ耕サシムル場合ニ於テハ其借地人ハ民法上其田地ノ使用權利ヲ有スル者ナリ又共有ノ家屋ヲ借受ケ其期限内ノ營繕ハ借主ニ於テ負擔スルノ契約アルトキハ其借家人ハ民法上家屋營繕ノ義務ヲ負フタル者ナリ但書ノ理由ハ正解ニ詳ナレハ略ス

民法上ノ權利義務

民法上ノ權利義務　トハ某註釋書ヲ觀レハ市ナル無形人ト市住民ナル有形人トノ間ニ結ヒタル契約等ヨリ出タル權利義務ナリトアリ正解ニハ只一個人トアリ本條ノ者ノ字ノ意義ニ廣狹ノ差ヲ生ス其說明ヲ乞フ

（答）此ノ者ノ字ハ意義廣クシテ單ニ人ト云フカ如シ其市住民ト否トヲ問ハサルナリ本制中必ス市住民タルヲ要スルトキハ明文ヲ揭ケアリ即チ第八十三條及第八十五條ニ市住民トアルノ類是ナリ

民法上ノ權利義務

民法上ノ權利　云々ノ但書ノ意ヲ解シテ市有財產使用ノ權ヲ得タル者アルトキハ其者ノ權利及之カ爲メニ負フ所ノ義務ノ輕重廣狹ハ民法ノ規定ニ從フモノナリト某註釋書ニ判斷セリ若シ此判斷ヲ以テ但書ノ精神ナリトセハ但書ハ實ニ蛇足不要ノ文字ト云ハサルヲ得ス何トナレハ本條ニテ權利及義務ヲ有スト云ヒ之カ取除ケトシテ民法上ノ權利者ハ民法ニ從フヘシト云フニ同シキヲ以テナリ

（答）但書ノ此限ニ在ラストハ民法上ノ權利義務ヲ有スル者アルトキハ市住民ハ之ヲ共用セス又義務ヲ負擔セストノ意ニシテ蛇足ニアラス

本文及但書ノ權利義務

本文ニアル權利義務ト其但書ノ權利義務トハ旨趣異ナルヤ

（答）本文ハ公法上ノ權利義務ニシテ但書ハ民法上ノ權義ナリ

第七條（市制、町村制）

帝國臣民

本條ニ帝國臣民トアリ其他ノ條ニハ總テ內國人トアリ其帝國臣民ト內國人トハ如何ナル區別アリヤ

（答）帝國臣民ト內國人トハ區別ナシ內國人トハ帝國臣民ノ畧稱タルニ過キス

二年ノ定義

二年以來トハ滿二年ノコトナリヤ

（答）然リ

二年以來ノ讀方

二年以來ノ冠詞ノ接續方ニ付テハ各種註釋書中大概其解釋ヲ異ニセリ

然ルニ公民權ノ消長ニ關係シ極メテ重大ノ事ナルヲ以テ茲ニ二三註釋書ヲ拔粹スルコト左ノ如シ

○甲書ニハ

市公民タルニハ左ノ四條件ヲ必要トス

一帝國ノ人民ニシテ公權ヲ有スル獨立ノ男子タルコト

二二ヶ年以來市ノ住民トナリタルコト

三其市ノ負擔ヲ分任シ居ルコト

四其市內ニ於テ地租ヲ納メ若クハ直接國稅年額二圓以上ヲ納ムル者ナルコト

○乙書ニハ

一畧ス

二二ヶ年以來其市ノ住民云々

三二年以來其市ノ負擔云々

四其市內ニ於テ云々

○丙書ニハ

一署ス

二二年以來市ノ住民云々

三二年以來市費云々

四二年以來市內ニ於テ云々

右三書トモ冠詞接續ノ段落ヲ異ニシ甲書ハ一要件ノミノ冠詞トシ乙書ハ二要件ニ接續シタル冠詞トシ丙書ハ三要件ニ接續シタル冠詞トシテ解釋セリ何レカ是ナルヤ

（答）丙書ノ解ヲ是トス正解ニモ二年以來ノ文字ヲ三要件ニ接續シタル冠詞トシテ解釋セリ

二年以來ノ起算方

二年以來其町村ノ住民タルヲ要ス

二年以來

二年以來 トアル其起算方ハ則チ一年ト稱スルハ暦ニ從フ(例ヘハ二十年度ニシテ第一期ノ地租ヲ上納セシ頃ヨリ土地ヲ所有セシ者ノ如キハ其年ヲ一年ト見做スノ類)ノ旨趣ナルヤ將タ十二個月ヲ以テ起算スルノ旨趣ナルヤ

(答) 一年トハ十二個月ヲ云フナリ故ニ甲某乙市町村ニ住居シ且市町村税ヲ納ムルコト滿二十四個月(即チ二年)以上ニ及フト雖モ一年前初メテ土地所有者トナリ地租ヲ納ムルコト未タ二十四個月ニ滿タサル者ハ公民タルヲ得ス此場合ニ於テ甲某カ公民トナリ得ルハ其納税義務者トナリシ日ヨリ起算シ滿二十四個月ノ後ニ在ルヘシ

二年以來町村ノ住民 トアリテ其ノ字ナシ右ハ一旦他町村ノ住民トナリシ者ハ何レノ町村ニ於テモ二年ノ制限ナクシテ公民權ヲ得ヘキヤ

(答) 必ス其町村ニ於テ二年ヲ經過セサルヘカラス

二年ノ期限 ヲ計算スルニ當リ公民中官用ニテ旅行又ハ未決四トナリ入

監シタル者ハ其旅行又ハ在監中ノ月數ハ計算中ヨリ扣除スヘキヤ

（答）數月間旅行ヲナシ又ハ一時住居地外ノ監獄ニ勾留セラレタルモ其旅行又ハ在監中ノ月數ハ二年中ニ算入スヘキモノトス

負擔分任

二年以來其市ノ負擔ヲ分任シ　ノ一項ヲ論シテ某註釋書ニハ不要用ノ文字トナセリ其理由ハ第六條ニ明文アル如ク一旦市ノ住民トナリシ者ハ必ス市ノ負擔ヲ分任スルノ義務アルニ由レハナリト果シテ然ルヤ

（答）然ラサルナリ第六條ハ住民ノ資格ヲ規定シタルモノナレトモ必スシモ住民ハ負擔ヲ分任スルモノナリト概言スルヲ得ス例ヘハ同居者赤貧者ノ如キハ課税セラレサルコトアルヘシ故ニ本條ニ市ノ負擔云々トアルハ決シテ不要用ト云フヲ得ス

代替相續人

戸主死亡代替等ニテ其相續人二十五歲以上ニシテ國稅二圓以上ヲ納ムルモ二個年來一戸ヲ構ヘサル者ハ獨立ノ男子ト云

直接國稅

ヒ難キヲ以テ公民權ヲ有セサルヤ

（答）然リ但第七條第一項末段ノ特免ヲ受クルトキハ公民權ヲ有スルニ妨ケナシ

直接國稅年額二圓以上 トアリ然ルニ本年七月大藏省告示第九十五號ヲ以テ直接國稅ヲ地租所得稅ト定メラレ營業稅船車稅等ヲ算入セラレサリシニヨリ本條ニ所謂直接國稅トハ即チ所得稅ノミノコトヽナレリ而シテ所得稅法第四條ニ依レハ所得稅額ノ最下限ハ三圓ナレハ本條ニ二圓ト定メラレタルハ如何ノモノナルヤ

（答）法律ハ全國ノ民度ヲ洞觀シテ公民タル者ハ少ナクモ二圓以上ノ直接國稅ヲ納ムル資力ヲ有スル者タルヘシト其大体ヲ定メ其實際ノ種別ハ主務大臣（第百三十一條）ノ所定ニ任セリ故ニ今後所得稅ノ外直接國稅ノ起リシトキハ其稅金二圓以上ヲ納ムル者ハ亦公民タルヲ得ヘシ

非戸主ニシテ一家ヲ構フル者

長次男ニシテ戸主ナラサルモ其住村ニ別ニ一家ヲ構ヘ國稅二圓以上ヲ納メ居ル者ハ別居後二年以上ニ及ハスト雖モ他村ヨリ移轉シタル者ト異ナルヲ以テ公民權ヲ有スルヤ

（答）然リ

公費ノ救助

公費ヲ以テ救助ヲ受ケタル者ノ中ニハ備荒儲蓄及官ノ救助ヲ受ケタル者モ包含スルヤ

（答）赤貧者ニシテ其住居スル所ノ市町村ノ公金ヨリ又ハ恤救規則ニヨリ救助セラレタル者ノミニ限ルヲ以テ天災地變ノ爲メ備荒儲蓄金又ハ官金ヨリ一時救助ヲ受ケタル者ハ包含セス

家族ノ納稅ハ戸主ニ屬スヘキヤ

有夫ノ婦ノ納稅、收入、所有家屋、所有地ハ其夫ニ屬スルモノト視倣シ未成丁若クハ父ノ養育ヲ受クル子女ノ納稅、收入、所有家屋、所有地ハ其父ニ屬スルモノト視倣ス ‖ト孛國市制ニアリ

二ケ年ノ制限

二年未滿ノ者ハ公民タルノ權ヲ得ス

テ本條ニ此類ノ明文ナシ本制ニ於テハ婦ノ納稅等ハ其夫又子女ノ納稅等ハ其父ニ屬セシメサルノ旨趣ナルヤ

(答) 所得稅ハ所得稅法第一條但書ニ同居ノ家族ニ屬スルモノハ總テ戶主ノ所得ニ合算スルモノトアルヲ以テ自ラ夫又ハ父ノ納稅額ニ屬スヘシ其他地租家屋稅等ニ至リテハ法律ニ明文ナキ以上ハ之ヲ合算スルノ限リニアラス

但書二ケ年ノ制限　某註釋書ニ二ケ年ノ制限ハ救助ヲ受ケタル後二ケ年ヲ經サル者ノ制限ヲ特免スルノ意ニ解セリ正解ニハ本條總テ二ケ年ノ制限ヲ減縮スルハ市會ノ議決ニ任セリトアリ甚タ迷ヘリ明示ヲ乞フ

(答) 二ケ年ノ文字ハ本條冒頭ノ二年以來云々ヨリ以下總テノ二年ノ制限ナリ法文ニ殊更ニ本條ニ定ムルト明記シアルヲ以テ見ルモ明ナリ

二年以來市ノ住民トナリ　トアリ是ハ二年以上其地ニ住居ヲ定メサル者ハ市公民タルヲ得ストノ義ナルヘシト雖モ茲ニ一人アリ甲乙丙ノ市內ニ

財産ヲ有スルコト夥多ニシテ甲乙丙ノ市ト順次ニ住居ヲ轉シタルトキハ假令ヒ丙市ニ居住スルコト二年未滿ナルモ其市ノ公民タルノ權ヲ有スルコトヲ得ヘキヤ

(答) 假令ヒ財産ヲ有スルコト多キモ二年以上其市ノ住民タラサル者ハ公民タルコトヲ得ス但本條但書ニ依リ市會ノ議決ヲ以テ二ヶ年ノ制限ヲ特免セラルヽ塲合ハ格別ナリトス

所得稅ヲ二年以上納メサル者ハ公民タルヲ得ス

所得稅法 ハ二十年七月ヨリ實施セラレタルヲ以テ二十二年六月ニテ滿二年トナルノ計算ナリ故ニ本制ヲ二十二年四月ヨリ施行スル地方ニ於テハ地主ノ外ハ公民權ヲ享有スル能ハス東京ノ如キハ最モ其不權衡ヲ見ルヘシ如何

(答) 假令ヒ不權衡ナルモ二年以上所得稅ヲ納ムルニアラサレハ公民權ヲ有セス但市會ノ議決ヲ以テ二ヶ年ノ制限ヲ特免スルトキハ格別ナリ

隱居

病氣等ノ故ヲ以テ丁年未滿ノ戶主ヲ立テ隱居スルモ實際ハ一家ヲ經理シ二圓以上ノ地租ヲ納ムル者ハ一家ヲ搆ヘタル獨立ノ男子トシテ公民權ヲ有スルヤ

（答）假令ヒ一家ヲ經理スルモ戶主ト同居同炊スル者ハ公民權ヲ有セス

隱居ノ再戶主

一旦隱居スルモ再ヒ戶主トナリタル者　素ヨリ二圓以上ノ地租ヲ納メ居ルトキハ公民權ヲ有スルヤ又ハ二ケ年以來一戶ヲ搆ヘサル者トシテ公民權ナキモノトスルヤ

（答）隱居スルモ其人ハ依然其町村ノ住民タリシナラハ再戶主トナリ一戶ヲ搆ヘタルトキハ再ヒ公民權ヲ有スヘシ、一戶ヲ搆フルニハ二ケ年ノ制限ヲ要セス

戶主

獨立　トハ本條ノ要件ヲ有シ且一家ノ戶主ナル者ニ限レリ（市制第七條ノ註釋）然ルニ他ノ註釋書ヲ見ルニ戶籍上ノ戶主ト非戶主トノ別ナク一家ヲ搆

へ一家計ヲ營ム者ハ獨立ト云フトアリ貴社出版ノ註釋書ト異ナレリ何レヲ可トシ然ルヘキヤ

（答）第七條第二項ノ註解ニ一家ノ戸主トアルハ戸籍上ノ戸主非戸主ノ別ヲ取テ云ヒシニアラス苟モ一戸ヲ構ヘテ獨立ノ生計ヲ營ム一家ノ主人タルモノヲ指シタルナリ

一戸

一戸ヲ構ヘ　トハ借家ニテモ可ナルヤ

（答）可ナリ

一戸トハ一竈

一戸ヲ構ヘ　トハ一竈ノ義カ

（答）然リ、故ニ同居異炊ノ者ハ別ニ戸ヲ構フルト見做スヘシ

瘋癲白痴者

瘋癲白痴者　ハ公民タルヲ得サルヤ

（答）裁判上治産ノ禁ヲ受ケタルトキハ公民タルヲ得ス

第八條　〔市制〕

市選擧ノ參與

市ノ選擧ニ參與シ　トハ名譽職ヲ選擧スルノ義ナルヤ

（答）然リ、選擧スル人ノ仲間ニ加ハルノ意ナリ

營業

營業ノ爲メ　トハ商業ニ限ラス總テノ營利ノ業務ヲ云フヤ

（答）然リ、商業學術ヲ問ハス廣ク其人ノ家業ヲ云フ

官職

官職　トハ神佛各管長ヨリ普通ノ人民ニ命シタル敎導職ヲモ包含スルヤ

（答）官職トハ政府ノ官職ニシテ敎導職ノ如キハ包含セス

官職

官職　トハ官ト職トノ謂ヒカ

（答）然ラス官ノ職務ト云フノ義ナリ故ニ在官非職者ハ第四ノ範圍外ナリ

六年間議員職ニ居タル者

六年間町村會議員ノ職ニ居リ云々　トアリ然ラハ町村制施行ノ時マテ無給ニシテ既ニ六年間町村會議員ノ職ニ居タル者ハ町村制施行後六年間ハ名譽職ヲ拒辭シ得ルヤ

（答）町村制施行以前ノ勤務年數ヲ以テ名譽職拒辭ノ理由トナスヲ得サルヘ

正當ノ理由

公民權ノ停止

名譽職ノ拒辭

シ

正當ノ理由ニ標準アリヤ

(答) 第一ヨリ第五マテノ事項ニ準スヘキ理由アリテ强テ就職セシメ難キモノヲ正當ノ理由ト云フヘシ

公民權ノ停止ト市費ノ增課トハ之ヲ併科スヘキモノナルヤ

(答) 然リ

名譽職ヲ拒辭スル者ニ市費ヲ增課スルハ甚タ酷ニシテ市公民ノ待遇上ニ失當ノ嫌ナキヲ得ンヤ

(答) 現今ノ戶長ノ如キ皆給料ヲ受ケ町村ノ事務ヲ措辦スル慣習ニ反シ遽ニ無給料ノ名譽職ヲ勸メシメ若シ之ヲ辭シ又ハ怠ル者ニ餘計ノ出金ヲナサシムルハ義務ノ一偏ニ付テ言フトキハ酷甚ナルノ觀アリト雖モ其當選者ノ名譽ノ點ニ付テ言ヘハ名譽職員ハ其全市町村衆望ノ聚ル所ニシテ彼ノ民望ノ

地方自治ノ要訣

如何ニ拘ハラス給料ヲ受ケテ職務ニ従事セシ戸長トハ自ラ徑庭アリ加之ナラス今ヤ僅々二ケ年ヲ出サルニ帝國議會ヲ開カルヘキ切迫ノ時ニ當リ之カ大基礎タル町村自治ノ組織ハ決シテ忽ニス可カラサルナリ若シ我公民ニシテ公益ニ盡力スル義務心ナクンハ法律ノ力ヲ以テ之ヲ養成スルノ外ナシ正當ノ理由ナクシテ義務ヲ放棄スル者ノ如キハ自家躬ラ公民タルノ面目ヲ汚シタル者ナリ法律上其裁制ヲ加フルニ於テ何ノ憚ル所カアラン獨逸碩學ブルンツリー氏ハ其自治論ニ地方自治ノ機關ヲ設置スルニ須要ナル準備三則ヲ定メリ之ヲ左ニ掲ケ以テ質問者ノ參考ニ供フ

一、政務ヲ分擔スヘキ人民ハ我權域内ノ事務ヲ會得處理スルノ能力ナカルヘカラス故ニ任務ノ難易輕重ニ應シテ一定ノ學識ヲ要スルハ蓋シ論ヲ俟タサルナリ

二、人民ノ勉勵心即チ高尚ナル義務心並ニ公衆ノ安寧幸福ノ爲メニ身力ヲ盡

スヘキ氣質、一語ヲ以テ之ヲ言ヘハ民德ナカルヘカラス

三、其他一定ノ餘暇アルヲ必要トス即チ人民一家ノ生計確立シ且幾分ノ餘裕アリテ公務及公益ニ盡力スルカ爲メニ餘暇ヲ有シ家計私業ノ爲メニ日モ亦足ラサルノ狀況ナキヲ要ス

無任期ノ職務

無任期ノ職務 トハ區長委員ヲ云フヤ

（答）區長及其代理者幷委員其他市町村吏員ナリ

制限特免ノ例

二ケ年ノ制限ヲ特免スル 場合ノ例ヲ示サレタシ

（答）市町村ニ來住ノ後未タ二年ニ滿タサルモ其人有力者ナレハ之ヲ公民トナスハ其地ノ利益ナルヘク又財産相續ノ後二年ヲ經サルモ其人素封家又ハ名望家ナレハ制限ヲ特免スルノ必要アルヘキノ類ナリ

名譽職ノ拒辭

町村公民タル者ハ總テ名譽職ニ選擧セラルヽノ義務ヲ有セリ 然ルニ町村會議員ニ選擧セラレ之ニ就職スルノ後又無給ノ該町村長ニ

要件

身代限處分中

選擧セラルヽトキ之ヲ拒辭スルハ正當ノ理由トナスニ足ルヤ

(答)然リ、第八條ノ制裁ヲ加フヘキモノニアラサルヘシト信ス

附言町村長(無給)ニシテ併セテ議員タルハ妨ケナシ

第九條 (市制、町村制)

要件トハ第七條ノ三要件ナリヤ

(答)第七條ノ三要件ノミナラス獨立ノ資格ニ要スル事件ヲモ包含ス

身代限處分中 某註釋書ヲ見ルニ身代限ノ言渡ヲ受ケタルトキヨリ辨償ハノ責ヲ終ラサル時日間ナリト言ヘリ正解ノ解説ト異ナリ孰レヲ是トシ然ルヘキヤ

(答)右ハ府縣會規則等現行法律中ニ身代限ノ處分ヲ受ケ辨償ノ義務ヲ了ヘサル者トアルト又孛國ノ市制ニモ負債ノ辨償ヲ了タル後市民權ヲ授クヘシトアルニヨリ註釋者ノ誤解ヲ來セシモノナルヘキカ此條ニ殊更ニ代身限處

分中ト揭ケラレタルハ裁判所ニ於テ身代限ヲ言渡シテヨリ其財產ヲ公賣ニ付シ債主ニ分配スル迄ノ時間ニシテ義務ノ全ク終ルト否トヲ問ハサルナリ故ニ一旦身代限處分ヲ受ケ其以後要件ニ缺乏スル所ナキトキハ純然タル公民トナルヲ得ヘシ府縣會議員被選擧權ノ制限ニ比スレハ頗ル寬典ト云フヘシ

身代限處分中公民權停止ノ理由

身代限處分中　某註釋書ニ公民權ヲ停止スル理由ナリトシテ曰ク公民ハ權利實行ハ大ニ市住民ノ利害ニ關係ヲ及ホスモノナレハ充分ニ信用ヲ有スル者ニアラスンハ之ヲ許スヘカラス且又實際ニ付テ見ルニ破產倒產ヲ爲ス者ハ充分ノ注意家ト謂フヘカラス一歩ヲ進ムルニ於テハ奸黠ノ徒タルヤモ知ルヘカラス斯ル人物ニ貴重ナル此權利實行ヲ許スハ害アリテ益ナケレハナリト然ラハ一旦身代限ノ處分ヲ受ケタル者ハ何レモ不注意ナレハ公民權ヲ停止セラレ然ルヘキカ如シ如何

訊問若クハ
勾留中

（答） 身代限處分中公民權ヲ停止スルハ右ノ如キ理由ニ由ルヘシト雖モ又處分中公民權ヲ停止セサレハ其人ハ或ハ名譽職ニ選擧セラル丶コトアルモ其當選後或ハ日ナラスシテ財產公賣ノ爲メ無財產ノ人トナリ其職ヲ退カサルヲ得サルノ不都合ヲ生スヘシ故ニ此等ノ人ハ勾留中ノ人ト同シク最初ヨリ公民權ヲ實行セシメサルコトニ定メラレタルモノト信ス

公權ノ剝奪若クハ停止ヲ附加ス可キ重輕罪ノ爲メ裁判上ノ訊問若クハ勾留中　公民權ヲ停止スルハ人苟モ斯ル嫌疑ヲ受クレハ信用ヲ失フカ故ナリト某註釋書ニ解ヲ下セリ法律ノ精神果シテ此ノ如クナレハ寃罪ニテ勾引セラレタル者ハ甚迷惑ナラスヤ

（答） 幾分カ信用上ノ關係モアルヘキナレモ重ナル理由ハ其人勾留中ニ議員等ニ當選スルモ其後裁判上重輕罪ニ處セラルレハ從テ其當選ハ無効ニ歸スヘキニヨリ豫メ此等ノ人ニ向テ選擧ヲナサシメサルヲ便トナスニ在リト思

考ス

訊問　ニ重輕罪ト否トノ別ヲ知ルニハ裁判所ヨリノ通知ヲ要スルヤ

（答）不明ナルトキハ裁判所ニ問合セヲ要スヘキモ大概ハ違警罪ト重輕罪トノ犯狀ハ明了ナルモノナルヘシ

違警罪　ニテ勾留セラレタル者モ公民權ヲ停止セラルヘキヤ

（答）停止セルヽコトナシ

訊問中　ニハ他人ノ重輕罪被告事件ノ爲メ證人參考人トシテ訊問ヲ受ケタル者モ包含スルヤ

（答）包含セス

租稅滯納處分中　某註釋書ヲ見ルニ公賣處分ヲ受ケテ未タ其義務ヲ全フセサルモノトアリテ處分後ト雖モ官ニ對シ辨償ノ義務ヲ負フモノヽ如シ果シテ然ラハ明治十年第七十九號布告第四條ニ

凡租稅不納ニ付財産ヲ公賣セントスル時ハ地方官ニ於テ處分シ先ツ公賣ニ關スル入費ヲ引去リ而後國稅府縣稅民費ヲ徵シ剩餘アル時ハ之ヲ本人ニ還付ス若シ不足アル時國稅府縣稅ハ官ノ損失ニ歸シ民費ハ該ノ區損失ニ歸ス」トアルニ矛盾セリ明示ヲ乞フ

（答）第七十九號第四條ノ明文ニ依リ滯納者ノ財産ヲ差押ヘ之ヲ公賣處分スルマテノ間ヲ租稅滯納處分中ト云フナリ

租稅滯納

租稅滯納中ニハ國稅ハ勿論町村稅使用料手數料ノ滯納モ包含スルヤ

（答）市町村收入ノ滯納ハ國稅滯納處分法ニ依リ（市町村制第百二條）處分スヘキヲ以テ租稅滯納トアル中ニ包含ス

公民タル者ニ限リ任スヘキ職務

市（町村）公民タル者ニ限リテ任スヘキ職務トハ何々ナルヤ

（答）市ニ於テハ市會議員、名譽職參事會員、選擧掛、區長及其代理者委員等ヲ云ヒ町村ニ於テハ町村會議員、町村長及助役、選擧掛、區長及其代理者委員等

ヲ云フナリ

第三欵

第十條　〔市制町村制〕

市(町村)條例

條例ノ効力

ハ法律ト同一ノ効力アリヤ

(答)　市町村條例ハ國家ヨリ自治體ニ付與セラレタル自主權ニヨリテ設定スルモノナレハ其市若クハ町村内ニ於テノミ其効力アリ例ヘハ一國ノ法律カ其全國ヲ通シテ効アルモ外國ニ對シテ効力ナキト同樣ニシテ市町村設定ノ條例ハ其境域内ヲ通シテ効力アルモ他町村ニ對シテハ効力ナキナリ

條例ト規則

條例ト規則トノ別

トノ別ヲ示サレタシ

(答)　條例ハ自治體ノ事務及住民ノ權利義務ニ關スル事項ヲ規定スルヲ以テ法律ト其性質及効力ヲ同シクシ其事重大ナリ之ニ反シテ規則ハ其市町村有營造物ノ組織及之カ共用ノ方法規則ニシテ現今ノ區町村立病院ノ入院規則

市條例ヲ以テ規定スル特例

規則

ノ類ニ同シ即チ市町村人民ノ申合規則ニ過キサルナリ故ニ本制ニ於テモ條例ハ内務大臣勅裁ヲ經テ之ヲ許可スルモノトシ（市制第百二十一條町村制第百二十五條）規則ハ其府縣又ハ郡參事會ノ許可ニ止メラレ（市制第百二十三條町村制第百二十七條）自ラ輕重ノ別アリ

市條例 ヲ以テ特例ヲ設クルコトヲ許セル事項ヲ示サレタシ

（答） 市會議員ノ定員ヲ增減スル事、議員ノ選擧區ヲ設クルトキ其選擧區ノ數及區域幷ニ各區撰出議員ノ員數ヲ定ムル事、市ノ助役及參事會員ノ定員ヲ增減スル事、常設委員ノ組織ニ關スル事、市ノ助役及參事會員ノ特別ナル職務幷ニ市長代理ノ順序ヲ定ムル事、市ノ有給吏員ノ退隱料ヲ定ムル事、市有財產管理ニ關スル事、市稅ニ關スル細則ヲ定ムル事、新開地及開墾地ノ市稅免除ニ關スル事、市ノ諸收入金督促ニ關スル手數料ヲ定ムル事等ナリ

溜池ノ鳥魚獵禁止等ノ規則 ハ第二項ニ依リテ之ヲ設クルコトヲ得

法律命令ノ解

命令中ニハ訓令ヲ包含セス

命令中ニ府縣令訓令ヲ包含セス

ルヤ

(答) 然リ

法律命令 トハ何々ヲ指スヤ

(答) 本條ニ所謂法律命令ハ明治十九年二月勅令第一號公文式第一條ノ法律勅令及第五條ノ閣令省令ナリ

命令 中ニハ閣省大臣ノ訓令ハ包含セサルヤ

(答) 包含セサルヘシ公文式第九條ニ依レハ訓令ハ閣省大臣ヨリ其所轄ノ官吏又ハ其監督ニ屬スル官吏ニ對シテ發シ法律勅令ノ如ク式ニ依テ公布スルモノニアラサレハナリ

命令 トハ某註釋書ニ依レハ勅令閣令省令及内閣諸省ノ訓令ヲ謂ヒ指令府縣令ヲ包含セストアリ然ルニ貴社正解ニハ勅令閣令省令府縣令トアリ孰レカ是ナルヤ

慣行ノ公告式

（答）公文式ノ明文ニ依レハ訓令ハ一般人民ニ對シテ直接ノ効力ナキモノナレハ本條ニ所謂命令ニアラス又府縣令ハ公文式中ニ所謂命令ニアラサレハ何レモ本條ノ命令中ニ包含セス然レヒ府縣令ハ法律命令（即チ勅令閣令省令）ノ範圍内ニ於テ管内一般又ハ其一部ニ發スルモノナレハ其効力ハ法律命令ニ均シキカ故ニ自治體ニ於テ設定スル條例規則ノ之ニ抵觸スルヲ得サルハ論ヲ待タサルナリ正解ニ條例規則ハ府縣令ニ抵觸スルヲ得スト掲ケタルハ以上ノ理由アルヲ以テ讀者ノ注意ヲ惹キタルニ外ナラスシテ府縣令ヲ命令ナリト解釋シタルモノニアラサルナリ

慣行ノ公告式ハ新聞上ノ廣告ナリ掲示ナリ廻達ナリ市町村内ノ人民ヲシテ周知セシムル從來ノ方式ナルヤ又ハ府縣令ノ如ク其公告ノ方式ヲ定メタルモノナルヤ

（答）是迄慣用ノ方法ヲ云フナリ新ニ方式ヲ定ムルモノニアラス

公告ノ理由

條例規則ヲ公告スルノ理由如何

（答）條例規則ハ市町村會ニ於テ之ヲ議決シ監督官廳ノ許可ヲ受ルモ人民ニ周知セシメサレハ其効ナク又人民ニ於テモ之ヲ遵守スルノ義務ナケレハナリ

第二章　第一欵

第十一條（市制、町村制）

議員定員ノ比例

市會議員ノ定員遞加ノ例ヲ示サレタシ

（答）遞加ノ比例ハ左ノ如シ

人口五萬未滿ノ市	三十人
人口五萬以上十五萬未滿ノ市	三十六人
人口十五萬以上三十萬未滿ノ市	三十九人
人口三十萬以上四十萬未滿ノ市	四十二人
人口四十萬以上五十萬未滿ノ市	四十五人

人口五十萬以上六十萬未滿ノ市　四十八人
人口六十萬以上七十萬未滿ノ市　五十一人
人口七十萬以上八十萬未滿ノ市　五十四人
人口八十萬以上九十萬未滿ノ市　五十七人
人口九十萬以上ノ市　六十人

市ノ選擧人

市ノ選擧人トハ市公民ノ事ナルヘシ市公民ヲ指シタルモノナラハ何故ニ其市ノ公民ト法文ニ掲ケナキヤ

（答）第十二條ノ明文ニ依レハ市公民ニシテ選擧ヲ行ヒ得サル公民權停止中ノ者及陸海軍現役者アリ是レ此法律ニ市ノ公民ト掲ケスシテ市ノ選擧人ト掲ケラレタル所以ナリ

議員ノ定員

市町村議員ノ定員ハ市町村條例ヲ以テ增減スルヲ得ハ第一項ニ員數ヲ示スノ要用ナキカ如シ或ハ之ヲ議員定員ノ標準ト見做スヘキヤ

（答）定員ハ容易ニ之ヲ變更スヘカラス第二項市條例ヲ以テ増減スルハ特別ノ情狀アル場合ニ限ルモノナルヘシ

議員ノ定限

但定限ヲ超ユルコトヲ得ス

トアリ然ラハ議員六十人以上ヲ有スル市會ハ之ナキノ意カ

（答）議員數ニ定限ヲ設ケラレタルハ議場ノ雜閙ヲ豫防スルノ主意ナリ故ニ東京ノ如キ人口百萬以上ノ市ト雖モ其議員六十人以上ニ超ユルヲ得サルナリ

組合會議々員ノ増減

町村組合會議

ヲ設ケタルトキハ第二項ニ依リ議員ノ定員ヲ増減スルヲ得ヘキヤ

（答）組合議員ノ組織ハ第百十七條第二項ニ所謂必要ノ事項ニ屬シ適宜之ヲ定ムルヲ得ルモノナレハ本條ニ關係ナキモノト思考ス

第十二條　〔市制、町村制〕

選舉權ヲ有ストハ選舉ヲ行フノ權ヲ有ス

市公民ハ總テ選舉權ヲ有ス　トアリテ其但書ニ何々ハ此限リニ在ラストアリ之ヲ換言スレハ公民權ヲ停止セラルヽ者及ヒ陸海軍現役者ハ公民權ヲ有セスト云カ如シ然ルニ兩者トモニ公民權ヲ有セサルニアラスシテ或ル事故ノ爲メニ之ヲ實行シ得サルノミ法文ノ解釋ニ惑ヘリ明示ヲ乞フ

（答）但書ハ本條ニ總テ云々トアルニ對シ之カ例外ヲ示シタルモノニ過キス必シモ公民權ヲ固有セストノ謂ニアラス公民權ヲ停止セラレタル間ハ選舉ヲ行フノ權ヲ有セスト云フニ均シ

陸海軍現役者ニ選舉權ヲ有セシメサル理由

陸海軍現役者　ニ選舉權ヲ有セシメサルニ理由アリヤ

（答）現役ニ服スル軍人ハ專心其職ニ從事シ行政事務ニ關係スヘキモノニアラス又行政事務ニ干與セシムルトキハ施政上弊害ヲ來スノ恐アルヲ以テナラン

幼者及婦女ノ選舉權

内國人ニシテ云々第七條ノ要件ニ當ラスト雖モ選舉權ヲ有

ス　トアリ而シテ其選擧權ヲ有スル者ノ例ヲ幼年者若クハ婦女ト正解ニアリ婦女子ヲシテ選擧ニ參與セシムルハ本邦ノ法律ニ先例アリヤ

（答）先例ナシ婦女子ニ選擧權ヲ與ヘタルハ此法律ヲ嚆矢トス

無能力者ノ選擧權

第二項ノ選擧權ヲ有ス　トアル中ニハ婦人、未丁年者ヲ包含スルヤ

（答）包含ス婦人幼者ニ選擧權ヲ有セシムルハ奇ナルカ如シト雖モ實際ハ第二十四條第二項ニ依リ代人ヲシテ選擧ヲ行ハシムルヲ以テ毫モ差支アルコトナシ

幼者婦女ノ選擧權ヲ有スル者

幼者及婦女子　ニ選擧權ヲ與ヘタルハ第十二條第二項ノ直接町村稅ノ納額三名中ノ一人ヨリモ多キモノニ限ルヤ

（答）元來此法律ノ希望スル所ハ其市町村ニ於テ利害ノ關係ヲ有スル寂モ深キ者ヲシテ其市町村ノ參政權ヲ得セシムルニ在リ然リ而シテ今市町村ニ於テ若干ノ租稅ヲ拂フ者ハ必スヤ若干ノ土地財產ヲ有スルニ相違ナク又其拂

フ所ノ税額最モ大ナル者ハ其市町村ニ利害ノ關係ヲ有スル淺カラサルハ推シテ知ルヘキナリ此理由ニヨリ本項ニ於テ法律上ノ無能力者モ能力者ト同等ノ權利ヲ行フコトヲ得セシムル特例ヲ設ケラレタルモノナレハ其直接市町村税ノ納額ハ必ス三名中ノ一人ヨリモ多キ者ニ限リ其以下ニ及フヲ得サルヘシ

第二項但書公民權ヲ停止セラルヽ者ノ解

第二項但書公民權ヲ停止セラルヽ者 ハ第一項但書ニ在ル公民權ヲ停止セラルヽ者ト同一ナリヤ

(答) 第一項ノ但書ハ本項公民云々トアルニ對スル例外ナルヲ以テ其但書ノ公民權ヲ停止セラルヽ者トハ市會ノ議決ヲ以テ三年以上六年以下其市公民タルノ權ヲ停止セラレタル者(第八條第三項)及身代限處分中又ハ裁判上ノ訊問若クハ勾留中又ハ租税滯納處分中公民權ヲ停止セラレタル者(第九條第二項)ヲ云フト雖モ第二項ハ元來公民權ヲ有セサルモノニシテ選擧ヲ行

フ特別ノ場合ニ對スル例外ナルヲ以テ其但書ノ公民權ヲ停止セラルヽ者トハ第八條第三項ヲ指シタルモノニアラサルハ勿論(婦女未丁年者等ハ被選擧權ヲ有セサルヲ以テ名譽職ヲ拒辭スル等ノ事ナキヲ以テ)又第九條第三項ヲ指シタルモノトモ云フヲ得サルヘシ(婦女未丁年者等ハ元來市公民タラサルヲ以テ停止セラルヘキ公民權ヲ有セサルヲ以テ)然レ𪜈本項ニ公民權ヲ停止セラルヽ者トアルハ只文例ヲ第一項但書ト同一ニナシタルニ過キス其意義ハ身代限處分中等恰モ公民タル者ノ公民權ヲ停止セラルヽ場合ニ當ル者ハ其選擧ヲ行フコトヲ得スト云フニ在リ立法ノ精神ニ於テハ第一項第二項トモ異ナルコトナシ

法律ニ從テ設立シタル會社トハ如何ナル會社ナルヤ

(答)現今我邦ニ於テハ銀行條例ヲ奉シ設立シタル國立銀行私設鐵道條例ニ依リ設立シタル鐵道會社其他日本郵船會社海上保險會社ノ類政府ノ特許ヲ

受ケ設立シタルモノヲ云フナリ又商法制定發布ノ上ハ右法律ノ規定ニ從ヒ設立スル法人タル資格ヲ有スル會社ハ總テ包含スヘシ

法人

其他法人　トアル中ニハ政府府縣郡市町村ノ如キ公法上ノ無形人ハ包含セサルヤ

(答)　其他法人トハ公法私法ヲ問ハサレハ總テ包含ス但今日ノ府縣郡ハ未タ之ヲ法人ト云フヲ得サルヘシ

法人

社寺學校　ハ之ヲ法人ト見做スヘキヤ

(答)　學校ハ其組織ニ依リテ法人タルト否ヲ定ムヘキモノナリ社寺ニ至テハ即答シ難シ

會社

法律ニ從テ設立シタル會社　トアリ然ルニ從前ノ布告又ハ勅令ニ從テ設立シタル國立銀行又ハ鐵道會社アリ此等ハ本條ニ所謂會社ト爲スヲ得サルヤ

町村ノ代人

直接市税ノ納額ヲ等級選擧ノ標準トス

（答）銀行條例私設鐵道條例ノ如キハ其性質法律タルヘキモノナレハ之ヲ法律ニ從ヒ設立シタル會社ト見做スヘキコト論ヲ待サルナリ

第三項ニ當ル町村（法人）ノ代人ヲ定ルハ町村長ナルヤ又ハ町村會ナルヤ

（答）町村會ノ議決ヲ以テ其代人ヲ定ムヘキモノト信ス實際ハ町村長自ラ代人タルヲ利便トスルナラン

第十三條　〔市制、町村制〕

本制ニ於テハ直接市税ノ納額ヲ等級選擧ノ標準トナセリ然ルニ学國ニ於テハ直接國税、州税、縣税、郡税、市税ノ總納額ヲ標準ト爲スト云フ此法律ニテ市税ノミニ限ラレタルハ理由ノアルコトナルヤ

（答）按スルニ我邦ノ税法ハ未タ完全ノ域ニ達セサルヲ以テ其市ニ直接ノ關係アル市税ノミヲ標準ニ取リシモノナルヘシ

納税額

選擧人ノ納税額ハ其年度ノ豫算ニ依ルヤ又ハ前年度ノ納額ニ依リ等級ヲ分ツヘキヤ

（答）其年度ノ納額ニ依リ等級ヲ分ツヘシ

等級選擧法ハ公平均一ノ法ナルヤ

等級選擧法ハ甲市ト乙市トノ等級ニ差等アルヲ以テ同一ノ税額ヲ納ムル者ニシテ其權利ニ差異ヲ生シ甲市ノ二級選擧人ハ乙市ノ一級選擧人ノ納税額ニ優ルモ其權利ハ却テ之ニ劣レルコトアルヘシ果シテ之ヲ公平均一ノ選擧法ト云フヲ得ヘキヤ

（答）各市財産ノ多寡ニ從ヒ其人民ノ情態ニ差異アルハ當然ナリ又市會ハ其市ニ限レル事務ヲ議決スル處ナルヲ以テ其議員ノ財力他市ノ市會議員ノ財力ト均一ナラサルモ毫モ他ニ關係ヲ有スルコトナシ等級選擧法ハ其市民貧富ノ勢力ヲ平均スルニ切實ナル良法ト云フヘシ我邦府縣會議員ノ選擧ニ富者默止シ貧者狂奔スルノ弊往々之アリ此等ノ弊ヲ絶ツハ等級選擧法ヲ措テ

他ニ良法アラサルヘシ

居住年數

同額ノ納税者二名以上アルトキハ其市ニ居住スル年數ノ多キ者　トアリ其住居年數ヲ算スルニ先代ニ遡リ計算スヘキヤ又ハ其現住者ノ來住ノ時ヨリ計算スヘキヤ

(答) 現住者ニ就テ計算シ先代ニ遡ルヘキモノニアラス地方ニ於テハ實際人民ノ移居スルコト寡キヲ以テ住居ノ年數ヨリモ年齡ヲ以テ定ムル場合多カルヘシ

居住年數

居住ノ年數　ヲ計算スルニハ繼續年數ニ限ルヤ例ヘハ祖先以來其町村ニ居住シ明治ノ初年東京ニ移住シ再ヒ町村ニ歸住シタル者ハ如何

(答) 居住ノ中斷シタルモノハ中斷前ノ年數ヲ合算スヘカラス

同級内ノ者ニ限ラサル理由

被選擧人ハ同級内ノ者ニ限ラス　トアルハ全市ノ被選擧權アル公民中ヨリ議員ヲ選擧セシムルノ意ナルヘシト雖モ此ノ如ク議員選擧ノ區域ヲ

選擧人所屬ノ區

市內ニ居住ナキ者ハ第

寛濶ニスレハ折角等級ヲ設ケタル効ナカルヘシ如何

（答）被選擧人ヲ其等級內ニ限ラサルハ即チ此等級選擧法ノ妙處ナリ徒ラニ被選擧人ノ區域ヲ狹少ナラシムルトキハ適當ノ人物ヲ得ルコト難ク且議員ノ間自ラ隔意軋轢ヲ生スルノ弊ヲ來スヘシ又議員ハ全市ノ議員ニシテ各級ノ代表者タラサルカ故ニ各級ヲ通シテ之ヲ選擧スヘキハ當然ノ事ナリ

第十四條　〔市制、町村制〕

選擧人ハ其住居ノ地ニ依テ其所屬ノ區ヲ定ム　トアルヲ以テ見レハ假令ヒ他區ニ於テ多額ノ財產ヲ有スルモ其區ニテ選擧ヲ行フヲ得サルモノナルヤ如何

（答）然リ、選擧ヲ行フコトヲ得ス若シ選擧ヲ行フトセハ一人ニシテ二個ノ投票權ヲ有スルニ至リ不都合ナリ

其市內ニ住居ナキ云々　トアリ此法文ニ依レハ何人ニテモ市外ニ居住

十二條第二項ニ當ル者ヲ云フ

シ其市内ニ財産ヲ有スレハ選擧ヲ行フコトヲ得ルモノヽ如シ是ハ第七條ノ要件ヲ缺クモ妨ケナキノ意ナルヤ

(答) 其市内ニ住居ナキ者トハ第十二條第二項ニ所謂第七條ノ要件ニ當ラスト雖モ納税額最モ多キカ爲メ選擧ヲ行ヒ得ル内國人ニシテ其市内ニ住居セサル者及第十二條第二項ノ場合ニ當ル會社其他法人ニシテ其市内ニ店舗ヲ有セサル者ノミヲ云フナリ

特別ノ事情

特別ノ事情 トハ如何

(答) 町村制第十四條ノ特別ノ事情トハ第十三條ニ依リ二級選擧ヲ行ヒ難キ場合ヲ云フ例ヘハ多額ノ税金ヲ納ムル者アリテ町村内納税者ノ等差極メテ甚シキトキハ三級選擧法ヲ設ケ又納税額ノ等差極メテ少キトキハ等級選擧法ヲ設クルノ必要ナキノ類ナリ

選擧ノ日時

選擧區ノ選擧日時 ハ各區之ヲ異ニスルヲ得ヘキヤ

(答) 町村ノ選擧分會ノ如ク法律ニ明文ナキヲ以テ妨ケナキニ似タレ圧可成ハ同一ノ日時ニ選擧ヲ行フヲ要ス

第十五條 (市制、町村制)

府縣官吏中ニハ非職者ヲ包含セス

所屬府縣ノ官吏中ニハ其非職者モ包含スルヤ

(答) 包含セスト思考ス非職ハ現ニ職務ヲ執ラサルヲ以テ假令ヒ所屬府縣ノ官吏ナリト雖モ市會議員タルニ妨ケナケレハナリ

裁判官

裁判官ハ撿察官ト同シケレハ議員タルヲ得サルヲ至當ト考フ又孛國ノ制度ニテモ議員タルヲ禁セリト云フ如何

(答) 裁判官ハ撿察官及警察官吏ノ如ク直接ニ人民ニ關係セサルカ故ニ其所屬長官ノ許可ヲ受ケタルトキハ議員タルニ妨ケナシ

警察官吏ノ定義

警察官吏中ニハ巡査看守押丁等ヲモ含ムヤ

(答) 巡査ハ包含ス看守押丁ハ包含セス

諸宗教師ノ定義
小學校教員
小學校々長授業生
中學校教員
所屬長官ノ定義

諸宗教師 中ニ神道諸派教導職耶蘇宣教師モ包含スルヤ

(答) 法文ニ諸宗教師トアル以上ハ總テ包含スヘシ

小學校教員 ニ限リ議員タルヲ得サル理由如何

(答) 生徒ノ父兄ニ對シテ親密ノ關係ヲ有シ選擧ノ公平ヲ害シ易キノ弊アルヲ以テナリ

小學校々長又ハ授業生 ノ如キモ小學校教員ノ中ニ包含スルヤ

(答) 授業生ハ包含スヘキモ學校長ハ包含セス

中學校師範學校等ノ教員 ハ所屬府縣ノ官吏ニ屬スルヤ

(答) 所屬府縣ノ官吏中ニ包含セス故ニ長官ノ許可ヲ得レハ議員タルコトヲ得

所屬長官 トハ某註釋書ニ知事或ハ郡區長ト云ヘリ而シテ閣省大臣ヲ省キタルハ無論ナルヲ以テノ故ナルヘシト雖モ郡區書記ノ所屬長官ヲ郡區長ト

解釋シタルハ果シテ是ナルヤ

（答）郡區書記ノ所屬長官ハ府縣知事ナルヘシ地方官官制第四十二條ヲ閲スルニ郡區長ハ郡區書記ノ任免ヲ知事ニ具申ストアリテ之ヲ專行スルノ權ナシ既ニ其進退ヲ專行スルノ權ナケレハ又其議員タルノ許否ヲナスノ權ナキヤ自ラ明ナリ

他人ノ爲メ事ヲ辨スルヲ以テ業トナスノ區別

事ヲ辨スルヲ以テ業トナス者トアリ元來此類ノ業ハ隱然之ヲ行フヲ以テ某ハ之ヲ業トナスヤ否ヲ推定スルハ甚困難ナルヘシ推定上別ニ良法アリヤ

（答）市長町村長ノ認定ニ任カスノ外ナシ市長町村長ニ於テ某ハ此類ノ代言ヲ業ト爲ス者ナリト認メタルトキハ第十八條ニ依リ調製スル選擧人名簿中其氏名ノ上ニ其旨ヲ記スヘシ若シ某之ニ不服ノトキハ結局行政裁判所ニ出訴シ裁判ヲ仰クニ至ルヘキノミ

父子兄弟タルノ縁故

父子兄弟タルノ縁故　正解ハ實父子養父子兄弟ヲ總稱スルナリト斷言セリ本條ノ主旨タル要スルニ該縁故アル者ヲシテ同時ニ議員若クハ町村長助役タルヲ得セシメサルハ其議決又ハ理事上ニ公平ヲ失スルヲ恐ル丶ニ外ナラサルヘシ然ラハ殊ニ庶子又ハ養兄弟ハ本條ノ制限内ナルヤ否ニ疑アリ其公平ヲ失スルヲ恐ル丶ノ點ニ至テハ敢テ前者ト甲乙輕重ナカルヘシ如何

(答) 第十五條ノ父子兄弟ヲ實父子養父子兄弟ヲ總稱スルナリト解シタル其中ニハ繼父子養家ノ兄弟庶子ノ如キハ無論包含シタルノ意ナリ本條ノ父子兄弟トハ刑法第百十五條(親屬例)ノ明文ニ同シキナリ

父子兄弟タルノ縁故

父子兄弟タルノ縁故アル者　トハ父子兄弟ニ縁故アル伯父叔父婚舅等ヲ指スヤ

(答) 縁故トハ即チ父子タリ兄弟タル者ト云フニ異ナラス父子兄弟ニ縁故アル人ト云フノ意ニアラス

第十六條　（市制、町村制）

議員ヲ名譽職トナスノ理由

議員ヲ名譽職トナスハ自治制度上ニ必要ノ事ナルヤ

（答）自治トハ國家ノ法律ニ從ヒ郡及町村ニ於テ名譽職ヲ以テ自治行政事務ヲ處辨シ其費用ハ郡及町村自ヲ税ヲ徴收シテ之ニ充ルヲ謂フナリト獨逸碩學グナイスト氏ハ説ケリ是ニ依テ之ヲ見レハ名譽職即チ無給職員ニテ自治行政事務ヲ處理スルハ自治制度ノ一原則ニシテ若シ名譽職ニテ市町村事務ヲ處理スルコトナクンハ其市町村ハ完全ノ自治體ト云フヲ得サルヘシ

議員ノ二分シ難キ場合

各級ノ議員二分シ難キトキハ如何ナル場合ナルヤ例ヲ示サレタシ

（答）市制第十一條ニ於テ議員ノ定數ヲ奇數ニ依テ定メタルヲ以テ定員ハ皆三分シ得ル數ナリ（三級ナルヲ以テ）又町村制第十一條ニハ偶數ニ依テ定メタルヲ以テ定員ハ皆二分シ得ル數ナリ然レ𪜈同條第三ノ十八人及第五ノ

三十人ヲ定員トナス町村ハ最初其各級ヨリ選出スル議員ノ數九人及十五人ナルヲ以テ之カ正半數ヲ得ルコト能ハス故ニ斯ノ如ク各級ノ議員ニ分シ難キ場合ニハ初回ノ改選ニテ多數ノ一半即チ五人及八人ヲ解任セシムヘキナリ

附言右ニ述ヘタル如キ町村ニテハ初回ニ五名ヲ解任シ第二回目ハ四名第三回目ハ五名第四回目ハ四名ト互ニ改選數ヲ異ニスヘシ

抽籤ヲ以テ解任者ヲ定ム

抽籤ヲ以テ解任者ヲ定ムルハ如何ナル主意ナルヤ

（答）議員ノ年期ノ六年ナルニ最初ノ解任者ハ三年ニシテ義務ヲ了ヘルヲ以テ抽籤ニ依リ退任者ヲ定ムルハ公平ヲ保ツニ外ナラサルヘシ

改選前ノ缺員

改選前ノ缺員ハ解任者中ニ算入スヘキヤ

（答）改選前ノ缺員ヲ解任者中ニ算入セハ不公平ノ嫌アリ故ニ初回改選ノ場合ニ於テハ缺員ノ分ヲモ籤數ニ加ヘ代人ヲシテ抽籤セシメ若シ其籤解任者

タルニ當ラサレハ改選ト同時ニ其補闕員ヲ選擧シ其殘任期即チ三年間在職セシムヘシ

補闕選擧ハ屢行ハス

第十七條　〔市制、町村制〕

定員三分ノ一以上闕員アルトキ初メテ補缺選擧ヲ行フハ選擧ヲ屢〻スルノ煩ヲ避ケタルモノナルヤ

（答）然リ、第四十一條ニ議員三分ノ二以上出席スルニ非サレハ議決スルコトヲ得ストアリ立法者ハ之ニ權衡ヲ取リテ本條ノ制限ヲ定メタルモノカ然レ𪜈實際ニ就テ考フレハ議員ノ悉皆無病ナルヲ期シ難キヲ以テ必ス三分ノ二以上ノ出席ヲ要スルトセハ闕員數議員定員三分ノ一ニ達セサルトキニ於テ豫メ補闕選擧ヲ行ハサルヲ得サルヘシ本條ニ市會、市參事會若クハ府縣知事ニ於テ臨時補闕ヲ必要ト認ムルトアルハ是等ノ場合ナルヘシ

補闕選擧ニ關シテ意見

市會、市參事會、府縣知事ニ於テ臨時補闕ニ關シ意見ヲ異ニシタ

ヲ異ニシタル場合

ルトキハ之ヲ裁決スル者ハ何人ナルヤ

(答) 法律ニ明文ナキヲ以テ確答ヲナスヲ得スト雖モ市會ト市參事會ト意見ヲ異ニシタルトキハ府縣參事會之カ裁決ヲナスヲ正當トシ又府縣知事ニ於テ必要ト認メ補闕選擧ヲ行ハシムルトキハ市會市參事會ハ之ニ抵抗スルヲ得サルヘキモノト思考ス

補闕議員ヲ置カサルノ理由

定員三分ノ一以上闕員アルトキ　初テ補闕選擧ヲ行フノ規定ナルヲ以テ議員總數八名ノ小町村ニテハ若シ三名ノ缺員ヲ生シタルトキハ其時々選擧會ヲ開クノ煩勞アリ寧ロ府縣會規則第十條ノ例ニ依リ定期改選ト同時ニ若干名ノ補闕員ヲ選擧スルノ簡便法ヲ設クルヲ可ト信ス然レ𪜈補闕員ヲ置カサルニ深キ理由アルコトナルヤ

(答) 元來補缺員ヲ選擧スルトキハ其當選者ハ多數投票ニ依リタルモノニアラサレハ議員タルノ信任十分ナリト云フヘカラス故ニ本條ニ於テハ補缺員

ヲ置カス必要ノ時々補缺選擧ヲ行ハシムルコトニ定メラレタルハ多數投票ニ依ル當選者ヲ得ンカ爲メナリト思考ス

第十八條 （市制、町村制）

選擧人名簿 正解ニハ原簿ヨリ選擧等級ヲ分チ選擧人名簿ヲ製スヘシトアリ此選擧人名簿ニ登記セラルヽ者ノ中ニハ第十二條第二第三項ノ特ニ選擧權ノミヲ有スル者モ包含スルヲ以テ該選擧人名簿ハ被選擧權ヲ有スル者ト單ニ選擧權ノミヲ有スル者ト混同シタルモノナルヘシ而シテ此ノ如ク同一ニ記載スルトセハ選擧ノ結果或ハ無効トナリ或ハ紛擾ヲ來ス場合アルヘキヲ以テ到底被選擧人名簿ヲ特ニ調製セサルヘカラサルカ如シ然レ𪜈本條ニ明文ナキ以上ハ之ヲ調製スルヲ得サルヘキヤ如何

（答） 第十八條選擧原簿ニハ各選擧人ノ資格ヲ記載スルノ制ナルモ之ニ據リテ製スル選擧人名簿ニハ資格ノ記載ナキヲ以テ右ノ疑問ヲ來セシモノナル

ヘシト雖モ假令ヒ選擧人名簿ニ第十二條第二項第三項ノ如キ例外ノ選擧人ヲ列記スル場合ニ於テモ貴問ノ如ク被選擧權ナキ幼者婦女又ハ會社法人等ノ當選スル憂ハ蓋シ之ナカルヘシ何トナレハ選擧人ニ於テ其選擧セント欲スル所ノ人物ヲ知ラスシテ濫ニ投票ヲナスコトアルヘカラサルヲ以テナリ若シ誤テ投票ヲナス者或ハ之アルモ其選擧ハ第二十三條第二項第三ニ該當スルヲ以テ無効ニ歸スルノミ然ラハ少數被選擧權ナキ人名アルカ爲メニ別ニ帳簿ヲ調製スルノ必要ナシ是法律ニ明文ナキ所以ナリ

選擧原簿記載方

選擧原簿ニハ稅額住居年數等ヲ記シ人名簿ニハ等級別ニ其氏名ノミヲ記スヘキヤ

（答）貴問ノ通ト思考ス

七日間ノ起算方

七日間ハ何レノ日又ハ何レノ場合ヨリノ日限ナルヤ

（答）選擧前原簿調製後六十日ノ間ニテ七日ナリ

關係者ノ定義

關係者トハ市町村住民即チ其市町村ニ利害ノ關係ヲ有スル者ノ總稱ナルヤ

（答）否、關係者トハ總テ選擧權ヲ有スル者ヲ云フ故ニ選擧權ナキ者ヲ名簿ニ登記シ又ハ選擧權アル者ヲ名簿ニ登記セサルトキハ本人及他ノ選擧權ヲ有スル者ヨリ其訂正ヲ市長若クハ町村長ニ求ムルコトヲ得ルノミ關係者トハ漠然全市町村住民ト云フノ義ニアラサルナリ

訴願ノ爲メ名簿ノ確定ヲ妨ケス

訴願ノ結了マテ確定名簿トナスヲ得サルヘキヲ以テ若シ行政裁判所ニ出訴シタル場合ニ於テハ選擧前五六十日ノ日數ニテハ容易ニ名簿ノ確定ヲ望ムヘカラス今試ニ裁判所ニ出訴スルマテノ日子ヲ計算スレハ名簿縱覽日ニ七日、町村會ノ裁決ニ十四日郡參事會ノ裁決ニ十四日府縣參事會ノ裁決ニ二十四日行政裁判所ノ判決ニ四十二日合セテ百一日ヲ要スヘシ尤モ以上ノ日子ハ此法律中ニ許サレタル訴願及出訴期限ニ郵便往復幷會議日數ノ概算ヲ加ヘタルモ

確定名簿

ノナリ本條ニ六十日ト定メタルハ究屈ニ過キサルコトナキヤ

(答) 選擧權ノ有無ニ關シタル事件ニシテ行政裁判所ニ出訴シタルモノハ其判決マテ名簿ヲ確定スルヲ得サルモノトセハ貫說ノ通リナルヘシト雖モ此事ハ市制第三十五條ノ末項ニ明文アルカ如ク其判決マテ處分ヲ停止セサルヲ法トス而シテ本條ノ塲合ノ如キ訴願者ノ申立アラハ町村長ニ於テハ町村會ノ裁決ニ依リ選擧前十日ヲ限リテ其名簿ノ修正スヘキハ之ヲ修正シテ確定名簿トナスヘキノミナリ故ニ六十日ニテ其餘猶十分ナルヘシ又名簿調製ノ日ト選擧ノ日ト相距ルコト甚遠キトキハ名簿上ノ選擧人資格ニ異動ヲ見ルコト多ク到底完全ノ確定名簿ヲ得ルコト難カルヘシ

確定名簿トナリタル以上ハ假令ヒ實際ニ選擧權ヲ得又ハ失ヒタル者アルモ加除スルヲ得サルヤ

(答) 一旦確定ノ上ハ加除セサルナリ

選擧權ヲ有セスシテ確定名簿ニ登記セラル丶場合

選擧權ヲ有セサル者ト雖モ一旦確定名簿ニ登記セラレタルトキハ議員ノ選擧ヲナスヲ得ルヤ

(答)一旦確定名簿ニ登記セラレタル者ト雖モ選擧權ヲ失フトキハ選擧ヲ行フヲ得ス其權利ノ有無ニ關シテ爭ノ生シタルトキハ市制第三十五條ニ依リ市會之ヲ裁決スヘシ

當選ヲ辭スル場合

當選ヲ辭シトハ某註釋書ニ當選後辭スル者ヲ云フニアラス選擧ノ際其當選ヲ承諾セサル者即チ第二十七條ノ場合ヲ云フトアリ右ハ第二十七條ノ場合ニ限レルヤ

(答)然リ一旦當選就職ノ後議員ヲ辭スル者ハ第十七條ニ依リ更ニ補闕選擧ヲ行フヲ以テ本條ニ所謂當選ヲ辭シタル者ニアラサルナリ又定期改選及補闕選擧ノトキハ每會更ニ選擧原簿等ヲ製スヘシト雖モ選擧ノ當時更ニ選擧ヲナストキハ其確定名簿ヲ襲用スルノ制ナルヲ以テ見ルモ當選ヲ辭スル者

ハ第二十七條ニ依リ五日以内ニ申立タル者ニ限レルヤ明ナリ

公告ノ方法

第十九條（市制、町村制）

選擧前七日ヲ限リ公告ス可シ　トアリ今實際ニ就テ考フルニ某日某時某場所ニ於テ議員ヲ選擧スル旨ヲ市役所又ハ町村役場ノ門外ニ掲示シ又ハ新聞紙上ヘ公告スルモ選擧人ノ注意ヲ惹クコト能ハサルヘシ故ニ公告スルト同時ニ選擧人ニ投票用紙ヲ配付シ又ハ招集状ヲ發スルヲ利便ト考フ之ヲ爲スモ此法律ニ抵觸セサルモノナルヤ

（答）投票用紙ノ配付招集状ノ發布ヲ利便トナス市町村ニ於テハ市町村條例ヲ以テ之ヲ規定實行スルハ妨ケナシト思考ス

選擧ノ順序

選擧ノ順序　ヲ毎級異ニシタルハ下級ノ選擧人ヲシテ十分ニ其欲スル所ノ人物ヲ選定セシムルト選擧場ノ混雜ヲ防クニアリト云フ然ラハ各級ノ選擧期日ヲ異ニスルモ妨ケナキヤ

（答）其地方ノ便宜ニ從ヒ前日ニ三級ノ選擧ヲ了ヘ翌日ハ二級一級ノ選擧ヲ爲スカ又ハ午前ニ三級ヲ了ヘ午後ニ二級一級ノ選擧ヲ爲スモ妨ケナシト雖モ成ルヘクハ一日內ニ引續キ選擧ヲ行フ方然ルヘシ

第二十條（市制、町村制）

選擧掛ヲ拒辭スル場合

選擧掛ハ名譽職トス　トアリ若シ之ヲ辭スルトキハ第八條ノ處分ヲ受ケ市會ノ議決次第ニテハ公民權ノ停止費用ノ增課マテニモ及ハサルヲ得サルヘシ然ルニ選擧掛ノ職掌ハ參事會員議員等ト異ニシテ全ク選擧ノ當日其會場ニ於ケル立會人タルニ過キス且擧選人ハ必スシモ選擧閉會マテ會場ニ留ルヘキ義務ナキヲ以テ投票ヲ選擧掛長ニ差出シタル後自己ノ業アラハ會場ヲ去テ之ヲ措辨スルコト自由タルヘシ斯ノ如キ去就ノ自由ナル選擧人中ヨリ選任セラレテ選擧掛トナル者ハ甚迷惑ト云フヘク終ニハ選擧掛ニ選任セラルヽコトヲ忌避シ一人モ會場ニ留マル者ナキニ至ルモ未タ知ルヘカラス此場合ニ於テ

ハ掛長ハ如何シテ選擧掛ヲ選任スルヲ得ルヤ

（答）選擧掛ハ必スシモ選擧ノ當日選任スヘキニアラス市長ニ於テ適當ト思考スル人物ヲ指定シ選擧開會前ニ豫メ本人ニ通知スルコトヲ得ヘキヲ以テ質問ノ如キ場合ハ生セサルヘク又貴問ノ如ク迷惑カリテ會場ニ留ル者ナキニ至ルカ如キ町村ノ情況ニテハ自治ナソハ思ヒモ寄ラス町村内ノ年寄株先輩ハ町村ニ對スル義務ト心得樂ンテ之ニ從事セサルヘカラス故ニ法文ニ依レハ選擧掛ヲ拒辭シタル者ニシテ其理由ナキトキハ第八條ニ依テ公民權ヲ停止シ費用ヲ增課セラルヘキカ如シト雖モ立法ノ精神ハ必スシモ停止及增課ヲナスニアラサルヘシ故ニ辭任者處置ノ緩急ハ大ニ斟酌ヲ要スルコトナラン

會場ノ取締

選擧掛長ハ會場ノ取締ニ任ス　トアル上ハ勸誘ヲ爲ス者又ハ暴行ヲ爲ス者アラハ退場ヲ命スルハ論ヲ待タス若シ命令ニ抵抗スル者アラハ警察官

ハカヲ藉ルヲ得ヘキヤ

（答）然リ

會場ノ取締

退場ヲ命セラレタル者ニシテ赤タ投票ヲ爲サヽルトキハ投票權ヲモ失フヤ

（答）會場ヲ退出セシムルハ一時取締ノ爲ナレハ之カ爲メニ其日ノ投票權ヲ失フモノニアラス故ニ謹愼シテ入場シ來ラハ投票ヲ爲サシメ又ハ閉函前ニ呼入レ投票ヲ爲サシムルモ亦可ナリ

第二十一條〔市制、町村制〕

選擧開會中
監督官廳ノ
官吏ノ入場

選擧開會中當該官吏ノ監督上入場スルハ本條ノ制限外ナルヤ

（答）選擧人ノ外入場ヲ禁スル所以ハ自己ト主義ヲ同シクスル者ヲ選擧セシメンカ爲メ選擧權ナキ人民ノ威力又ハ暴行ヲ藉リ以テ不正ノ投票ヲ爲サシムルカ如キ惡弊ヲ防クカ爲ナリ故ニ監督官廳ノ官吏職務上入場スルハ此法

律ハ制限外ナリ

投票ハ匿名法ヲ用フ

第二十二條（市制、町村制）

選擧投票ニ選擧人ノ氏名ヲ記入シ置サレハ後日投票ノ再調査ヲナスノ必要アル場合ニ當リ改造ノ弊ヲ生スルノ恐アリ且無記名ナルトキハ第二十六條ニ依リ選擧ヲ結了スルマテ反古同樣ノ投票ヲ保存スルモ防奸ノ用ヲナサヽルヘシ如何

（答）選擧ニ公選擧秘選擧ノ別アリテ甲乙互ニ得失アリ此法律ニ於テ秘選擧法ヲ採用セラレタルハ理由書ニ云フカ如ク町村ノ事情タル居民常ニ相密接スルモノナレハ何人カ何人ヲ選擧シタルカヲ公ニスルトキハ選擧人タル者或ハ憚ル所アリテ自己ノ希望スル人物ヲ選擧シ得サルノ弊アルヲ以テナリ又投票ノ重複及僞造ヲ防カンカ爲メニ投票ハ選擧人自ヲ選擧掛長ニ差出シ掛長ハ帳簿ニ突合セタル上投函スルヲ以テ此間ニ僞造投票ヲナシ得ルノ憂

ナシ又選擧後ノ投票ハ選擧掛ニ於テ必ス之ヲ封緘シ置クヘキヲ以テ再調査ノ際ニ當リ質問者ノ云フ如キ無効ノモノニアラス畢竟秘選擧法ハ選擧ノ自由ヲ保護スルニ有一無二ノ良法ト云フヘシ

第二十三條

〔市制、町村制〕

定數ニ不足ノ投票

定數ニ不足アルモ其投票ヲ無効トセス　トアリ然ラハ其不足ノ數ヲ追選セシムルノ趣旨ナルヤ

（答）投票ハ匿名投票ナレハ其定數ニ不足アル投票ハ何某ノ投票タルヲ知ルニ由ナク且其投票者ハ信用ヲ置ク者定數タケヲ得サルヲ以テ不足ノ儘選擧シタルモノト視做サヽルヲ得ス故ニ其不足數ハ追選セシムルモノニアラサルヘシ

末尾ニ記載ノ人

末尾ニ記載シタル人名ヲ棄却ス　トアリ其理由如何

（答）投票紙ニ被選擧人ノ氏名ヲ記入スルニ際シテハ自己ノ最モ信任スル人

カ最初ニ念頭ニ浮フヘキモノナルヲ以テ末尾ニ記載シタル定數外ノ人名ハ信任ノ厚カラサル者ト推測スヘキニ由ル

他事ヲ記入スル投票

他事ヲ記入スルモノ　ハ總テ無効トセハ族籍又ハ君殿樣等ノ文字ヲ記入シタルモノモ亦無効ナルヤ

(答) 他事ヲ記入スルトハ契約的文字例ヘハ甲某ニアラサレハ乙某ヲ選擧ス等ノ記入ヲナスモノヲ云フノ法意ナレハ氏名ノ外ニ文字ヲ書入シ又ハ字畫ノ正シカラサル投票アリト雖モ其被選擧人ヲ認知シ得ルモノハ無効トナスノ限リニアラサルヘシ

投票用紙

數名ヲ選擧　スル場合ニ於テハ一ノ投票用紙ニ一名ツヽ記入スヘキヤ

(答) 一ノ投票用紙ニ數名ヲ列記スヘシ然ラスンハ過數ヲ末尾ヨリ棄却スル等ニ差支アリ

假ノ議決

假ニ議決ス　トアル假。ノ字ハ必要ニアラサルカ如シ如何

假ノ議決

○假ノ文字ハ必要ナリ選擧ノ効力ハ市町村會ノ裁決ヲ正當ノモノトナストハ雖モ本條ノ如キ即決ヲ要スル場合ニ於テハ選擧掛取敢ス假ニ議決スルノ必要アレハナリ

○假ニ議決シタル事件ニ對シテ訴願ノ起ラサルトキ其議決ハ眞ノ議決トナルヘキヤ

(答)然リ

假ノ議決

○假ニ議決ストアルノ主旨ハ選擧閉會後市會ニ於テ眞ノ議決ヲナスヘキカ爲ナルヤ

(答)本條ノ場合ニ於テハ選擧會場ニテ即時議決スルノ必要アルモ正當ノ議決權ヲ有スル市會ニ其事項ヲ提出スル暇ナキヲ以テ選擧掛ヲシテ假ニ之ヲ議決セシムルノ趣旨ナリ故ニ若シ本條ノ假議決ニ對シ異議アル者ハ第二十八條ニ依リ其旨ヲ市長ニ申立ツレハ市會ハ第三十五條ニ依リ之カ裁決ヲナ

スナリ

投票ノ効力

投票ノ効力ニ關シ選擧掛ニ於テハ無効ト議決セシモノヲ市會ニ於テ有効ト裁決セシカ爲メ他ノ當選者ノ投票數ニ影響ヲ及ホストキハ其假議決ノ總體ヲ無効トナスヤ又ハ其關係アル一部分ノミヲ無効トナスヤ

(答)其一部分ノミナルヘシ例ヘハ市會ノ裁決ノ爲メ投票五十點ニ上リ他ノ議員ノ投票ハ四十九點ナルトキハ其議員ノ當選ハ自ラ無効トナルノ類ナリ

選擧人自ラ選擧ヲ行フ

第二十四條 (市制、町村制)

選擧ハ選擧人自ラ之ヲ行フ可シトアレハ必ス選擧場ニ出頭セシムルノ法意ナルヘシト雖モ現今ノ實際ヲ見レハ人各其業務ニ煩忙ナルヲ以テ日時ヲ期シテ選擧場ニ出頭シ貴重ノ時間ヲ空費スル者多カラサルヘシ出頭者多カラサレハ其投票ハ無職業ニシテ閑日月ヲ有スル少數者ノ專有ニ歸スヘキヲ以テ寧ロ投票ハ封緘ノ上代人ニ託シテ差出スコトヲ許シ多數ノ投票ヲ集ム

ル方利便ニシテ且公平ヲ得ヘシト信ス如何

（答）此法律ニ於テ選擧ノ規定ヲ嚴重ニナシタルハ選擧ノ自由ヲ保護センカ爲ニシテ若シ他人ニ託シテ選擧ヲ行フヲ許ストキハ其代理人ニ於テ隨意ノ投票ヲナスノ恐レアリ又他人ヲシテ投票ヲ差出サシムルトキハ投票ノ賣買若クハ改造ノ弊ヲ來スヘク何レモ選擧ノ正法ニアラサルナリ元來我邦ニ於テ選擧ヲ重ンスルノ慣習ナキカ爲ニ今ノ府縣會議員及區町村會議員等ノ選擧ニ際シ往々不都合ヲ釀シタル事實少シトセサレハ假令ヒ此法律施行ノ初ハ質問者ノ憂ルカ如キ事アルヘキモ選擧ノ方法ハ之ヲ嚴正ニナシ漸ヲ以テ選擧人ヲシテ選擧權ヲ尊重スルノ風ヲ養成セサルヘカラスト信ス

他人ニ托シタル投票

他人ニ托シテ差出シタル投票ハ無効ナリヤ

（答）投票函ニ投入スルヲ得サレハ無効タルハ言ヲ俟タス

選擧人ノ旅行中

選擧人　若シ旅行中カ又ハ病床ニ在リテ選擧場ニ出ルコト能ハサレハ選擧

權ヲ放棄スルノ外ナキヤ

（答）然リ

選擧代人

選擧代人　內國人ニシテ公權ヲ有スル獨立ノ男子自己ノ選擧ヲ行フ爲メニ選擧場ヘ臨場スルニ當リ本條第二項ノ規定ニ依リ一人ノ代理ヲ兼ヌルコトヲ得ルヤ

（答）選擧人ハ一人ノ代理ヲ兼ヌルコトヲ得ヘシ

委任狀

委任狀　ヲ要スルノ理由如何

（答）委任狀ナキトキハ選擧權ナキ者カ不正ノ選擧ヲナスノ虞アレハナリ

選擧代人

代人ハ內國人ニシテ公權ヲ有スル獨立ノ男子ニ限ル　トアリ其內國人トアルハ町村內ハ勿論他町村他郡他府縣ノ者ヲ指スカ若シ其町村內ノ人ニ限ラサルモノトセハ公權ノ有無ヲ認ムルニ由ナキカ如シ如何

（答）內國人ニシテ公權ヲ有スル男子ト云ヘル語ハ其意義極メテ汎博ナルモ

ノニシテ他ニ法律ノ明文ヲ以テ其意義ヲ狹隘ナラシメサル以上ハ決シテ之ヲ一市町村內ノ人ト解スヘキモノニアラス而シテ貴問ニハ之ヲ全內國人ト解スルトキハ代理者ノ公權ノ有無ヲ證スルニ由ナシトノコトナレ𪜈實際ハ決シテ難事ニアラサルヘシト信ス何トナレハ其市町村內ニ於テ第三等以上ニ位スル富豪家又ハ會社等ニシテ身分ノ分明ナラサル人ニ託シテ貴重ナル選擧ノ代理ヲ爲サシムルコト決シテ之ナケレハナリ

選擧代人

府縣會規則ニテハ投票ヲ他人ニ托シ差出スコトヲ許スニ拘ハラス此法律ニテ痛ク之ヲ禁シタル理由如何

(答) 投票ヲ他人ニ托スルヲ禁スルハ詐僞勸誘ヲ防クカ爲メナリ近頃地方ノ選擧ニ混雜ヲ見ルハ蓋シ府縣會規則ニ此取締法ヲ缺ケルカ故ナラン

第二十五條〔町村制〕

選擧分會

選擧分會ト市制第十四條ノ選擧區ト大ナル差異アルヤ

（答）選擧分會ト選擧區トハ其性質全ク異ナリ選擧分會ハ本會ノ支部ニシテ只便宜ニヨリテ投票ヲ取纒ムルノ場所タルニ過キスシテ選擧區ノ如ク獨立ノ選擧會ヲ有スルモノニアラサルナリ

選擧分會ヲ設クルノ主意ハ繁雜ヲ避ケ且選擧者ノ便利ヲ計リタルモノカ果シテ然ラハ分會ノ選擧者ハ本會ニ出頭スルニ及ハサルヤ

（答）第三項ニ選擧分會ニ於テ爲シタル投票ハ投票函ノ儘本會ニ集メテ之ヲ合算シ總數ヲ以テ當選ヲ定ムトアリ業已ニ分會ニ於テ本會ト同一ノ手續ヲ經テ選擧ヲ終リタルトキハ選擧人カ更ニ本會ヘ出頭スルノ必要ナカルヘシ若シ分會ノ選擧人ヲシテ更ニ本會ニ出頭セシムルモノトスルトキハ區域廣濶又ハ人口稠密ナル土地ニ於テ選擧人並ニ町村ノ便宜ヲ計リテ折角設ケタル本條ノ規定ハ無用ノ空文ニ屬スヘシ但分會ノ選擧人ニシテ强テ本會ノ開緘ニ立會ヲ望ムトキハ其人ノ隨意ナリ

第二十五條〔市制〕　第二十六條〔町村制〕

自ラ抽籤ス

自ラ抽籤ス　トアレトモ自ラ抽籤スルノ要ナキニ似タリ如何

（答）本條ノ場合ニ於テ掛長自ラ抽籤スルハ選擧ヲ鄭重ニナスト投票同數ニシテ同年齢ナルハ稀有ノコトナレハ簡便法ヲ取リタルモノナラン

比較多數

有効投票ノ多數ヲ得ル者ヲ以テ當選トス　ト此法律ニ定メラレタリ然ルニ正解參照ヲ見ルニ獨佛ノ市ニ於テハ議員選擧ニ過半數法ヲ採レリ兩者ノ間ニ得失アリヤ

（答）兩者ヲ比較シテ言ヘハ過半數法ノ正當ニシテ輿論ニ適合シタル人物ヲ得ヘキヤ疑ヒナシト雖モ本制ニ於テ之ヲ採ラサルハ我邦ニテ若シ選擧ヲ一々過半數選擧法ニ依ルトセハ選擧人其煩ニ堪ヘサルニ由ルヲ以テナリ

第二十六條〔市制〕　第二十七條〔町村制〕

署名及捺印

署名ス可シ　トアルハ凡テ姓名ヲ手書シ捺印スルニ及ハサルヤ

（答）法文上ニテハ氏名ヲ自書スレハ捺印ヲ要セスト雖モ捺印アレハ一層鄭重ナルヲ以テ我邦ノ習慣上捺印スルヲ可トス尢法律ノ精神ハ捺印ヲ禁シタルニアラサレハ捺印スルハ妨ケナキナリ

選擧ノ結了

選擧ヲ結了スルニ至ルマテ　トアルヲ某註釋書ニハ選擧ヲ終リテ其結果ノ全キヲ告ケタルマテトアリテ稍明瞭ヲ缺クニ似タリ其結了ノ場合ノ例ヲ示サレタシ

（答）結了トハ其日ノ選擧ヲ終リタルノ意ニアラスシテ選擧ノ確定スルヲ云フ而シテ選擧ノ確定トハ選擧ノ當日ヨリ第二十八條ニ依リ七日以内ニ市長ニ異議ノ申立ナキカ又異議ノ申立アリタルトキハ市會若クハ府縣參事會ノ裁決ノ確定又ハ行政裁判所ノ判決マテヲ云フナリ

選擧結了

選擧結了ノ時ヲ指シテ某註釋書ニ市制第二十八條ニ謂フ所ノ七日以内ノ期限ヲ經盡シタル時ヲ指スト云ヘリ然ラハ投票ハ七日以内保存シ置カハ其

後ハ反古トナシ然ルヘキヤ
（答）然ラス、結了トハ七日間保存シ置クハ勿論若シ七日間ニ訴願スル者アレハ其裁決ノ確定又ハ裁判々決マテヲ指スモノニシテ其選擧ニ付テ最早異議申立ノ途ナキニ至リシ時ナリ

投票ノ保存

投票ハ選擧結了セハ必ス棄却シ保存セサル主旨ナルヤ
（答）必シモ棄却セシムルノ主意ニアラサルヘシト雖モ可成ハ無用ノ古紙ヲ存シ置カサルヲ然ルヘシト考フ

第二十七條（市制） 第二十八條（町村制）

旅行中當選

當選ノ告知ヲ爲サントスルトキ當選者旅行中ニテ不在ノトキハ留守居ニ通知スルヤ又ハ郵便等ニテ直ニ本人ヘ告知スヘキヤ
（答）選擧掛長ヨリ直ニ本人ヘ告知スヘキモノト思考ス

兩級ノ當選

一人ニシテ兩級ノ選擧ニ當リタルトキ 五日以内ニ何レノ選擧

ニ應スヘキコトヲ申立テシムルハ其被選擧者ノ意想ヲ他人ヨリ推知スルヲ得サルヲ以テノ故ナルヘシト雖モ其期限內ニ之ヲ申立テサル者ニ對シ第八條ノ處分ニ及フハ甚タ解スヘカラサルカ如シ如何

（答）何レノ選擧ニ應スヘキコトヲ五日以內ニ申立ツヘシト法律ニ於テ命令ヲナシタル以上ハ其被選擧人ハ必ス之ヲ爲スヘキノ義務ヲ負ヘリ故ニ其期限內ニ申立ヲナサヽル者ハ其故意ト無心トヲ問ハス法律上選擧ヲ辭スル者ト視做スハ當然ノ事ナリ若シ如此ク規定セサルトキハ市長ハ其人每ニ一々諾否ヲ聞クノ勞ヲ取ラサルヘカラサルノ不便アリ又本條ノ處分ヲ爲スヘシトアルハ直ニ第八條末項ニ依リ公民權ヲ停止シ費用ヲ增課スルノ精神ニアラス第八條ニ謂フ所ノ正當ノ理由アリヤ否ヲ審査スヘシトノ意ナリ此條ニアル處分ノ意味ハ輕ク取ルヘシ

五日ノ期限內 ニ何レノ選擧ニモ應スヘキノ申立ヲナサヽルトキハ總テ

五日以内

其選擧ヲ拒辭シタルモノトナシ懲罰ハ處分ヲ受クヘシト某註釋書ニ在リ果シテ然ラハ本項ノ處分トハ必ス停止シ又ハ增課スルノ謂ナルカ

(答)然ラサルナリ處分トハ第八條ニ依リ調査スヘシト云フ位ノ意味ニ解スヘシ或ハ本項ノ末段ニ其選擧ヲ辭スル者ト視做シ第八條ノ理由ノ有無ヲ審査スルモノトストアラハ質問者ノ疑ヲ來サヽリシナラン處分ノ字ニ少シク病アルカ如シ

五日以内 トハ限リシハ如何ナル理由アリヤ

(答)期限ヲ短クナシタルハ大ニ理由アルコトナルヘシ本項拒辭ノ場合ニ於テ再ヒ行フ所ノ選擧ハ即チ定期選擧ノ一部分ニシテ選擧人名簿ノ如キモ別ニ改製スルヲ要セス全ク臨時闕員ノ場合ト異ナルヲ以テ一日モ速ニ選擧ヲ完了スルヲ必要トスレハナリ其五日間ハ被選擧人ニ思考ノ爲メ與ヘタル所ノ期限ナリ

旅行中當選ノ拒辭

旅行中當選シタル者ニシテ之ヲ辭セントスルモ郵便往復ノ爲メ五日ノ期限ヲ經盡スル場合アルヘシ是等ハ無論往復ノ日數ヲ扣除シテ計算スヘキモノト思惟ス如何

（答）申立ノ期限ハ往復ノ時日ヲ扣除シテ起算セサルヘカラス

補缺

當選ヲ辭シタル者ノ補闕ハ次點者ヲ取ルヘキヤ

（答）更ニ選擧會ヲ開キテ選擧ヲナサシムヘシ

補缺

兩級ノ選擧ニ當リシ者アル場合ニ於テハ五日間ニ必ス缺員ノ選擧ヲ要スヘシト雖モ眞ノ手數ヲナスニ過キス且費用ヲモ要スレハ第二項ノ場合ニ限リテハ次點者ヲ取リテ補缺員ト定メ然ルヘキヤ

（答）貴說ノ如クナセハ便利ナルカ如シト雖モ此法律ノ規定ニ背クヲ以テ矢張其缺員ノ爲メ選擧會ヲ開カサルヘカラス

當選ノ承諾

當選ヲ諾シタルトキハ別ニ申立ヲ要セサルモ之ニ反シテ第二項ノ場

合ニ於テハ申立ヲ必要トナセリ首尾相應セサルノ嫌ハナキヤ

（答）名譽職ハ元來辭スヘキ性質ノモノニアラサレハ辭退ノ理由ナキトキハ申立ヲナサスシテ職ニ就クヘキヲ當然ナリトス然レモ兩級ノ選擧ニ當リタル者ハ何レニ應スヘキヲ定ムルノ義務アレハ必ス申立ヲナスノ要用アリ

第二十八條（市制）　第二十九條（町村制）

市長ニ申立

市長ニ申立ツルコトヲ得　トアリ此申立モ亦訴願ノ一種ナルヤ

（答）申立ハ訴願ニアラス本項ニ申立云々トアルハ第三十五條ニ依リ市會ノ裁決スル訴願ハ之ヲ市長ニ申出スヘシト云フニ同シ故ニ此場合ニ於テ市長ハ訴願ノ取次人タルニ過キス

府縣知事ノ處分

府縣知事又ハ郡長ニ於テ訴願ノ有無ニ拘ハラス參事會ニ付シテ處分ヲ行ハシム　トアリ訴願者モナク至極平穩ナル央ニ知事等ヨリ自治體ノ選擧ニ横鎗ヲ入ルヽハ如何ナル理由アルヤ

（答）第二項ハ監督官廳ニ十分ノ權力ヲ付シテ選擧ノ正否ヲ監督セシムルノ趣旨ニシテ第二條ニ官ハ監督ヲ受ケ云々トアルハ即チ此等ノ場合ヲ云フ

府縣參事會ノ處分

府縣參事會ニ付シテ處分ヲ行フコトヲ得　トアリ其實際ノ手續ハ如何ナルモノニヤ付シテ處分ヲ行フトハ行ハシムルノ意ナルヤ將タ付シテ評議ヲ盡サシメ府縣知事自ラ處分スルノ意ナルヤ

（答）府縣知事ハ己ノ意見ヲ府縣參事會ニ述ヘ其議決ヲ經タル上改選スヘキモノアラハ之ヲ市長ニ傳ヘテ改選ノ處分ヲ爲サシムルナリ

選擧後ノ報告

市長ハ選擧ヲ終リタル後之ヲ府縣知事ニ報告ス　トアルヲ某註釋書ニ解ヲ下シテ曰ク選擧人カ選擧ノ効力ニ關シテ訴願スルトキハ選擧ノ日ヨリ七日以内ニ市長ニ申立テ市長ハ之ヲ府縣知事ニ報告シ府縣知事ハ之ヲ府縣參事會ニ付スルモノトスト然ルニ正解ニハ市長ハ選擧ヲ終リタル後當選者ノ氏名ハ勿論選擧ノ顚末ヲ府縣知事ニ報告スヘシトアリテ彼ハ之ノ字ヲ訴

願ノ代名詞ト解シ此ハ選擧ノ代名詞ト解セリ何レカ是ナルヤ

(答)之ノ字ハ決シテ訴願ヲ指シタルモノニアラス第二項ノ末段ニ訴願ノ有無ニ拘ハラストアルヲ以テ見ルモ訴願ニアラサルヤ瞭然タリ

選擧後ノ報告

町村長ハ選擧ヲ終リタル後之ヲ郡長ニ報告ス　此報告タル當選者ノ氏名及點數等ノ事ナラン然ルトキハ右ノ報告ニ依テ郡長カ選擧ノ效力ノ有無ヲ見ル或ハ難カラン如何ナル塲合ニ於テ郡長ハ之カ處分ヲナスヤ

(答)町村長ノ報告ハ啻ニ當選者ノ氏名點數ノミナラス併セテ選擧ノ顚末ヲモ報告スルモノナレハ郡長ニ於テ之ヲ審査シ其選擧方法カ法律規則ニ違背シ又ハ當選人中第七條ノ要件ヲ缺キタル者アリト認ムルトキハ其選擧ニ付テ異議ヲナシ郡參事會ニ付シテ處分セシムルナリ依テ本件ハ實際施行上難事ニハアラサルヘシ

選擧ノ效力

選擧人選擧ノ效力ニ關シ訴願云々　トアレハ選擧權ヲ有セサル人

當選ノ効ヲ失フ

民ヨリ訴願ヲナシ得サルノ精神ナリヤ

(答) 選擧權ヲ有セサル者ハ選擧ニ關係ナキノ人ナレハ訴願ヲナシ得サルコト勿論ナリ

第二十九條(市制)　第三十條(町村制)

其人ノ當選ハ効力ヲ失フモノトス　トアリ此法文ヲ文字ノ儘ニ讀下スレハ議員ニ就職後一年ノ後第七條ニ記載シタル要件ノ一ヲ失フトキハ其一年前ニ遡リテ議員ニ選擧セラレタル當時ノ効力ヲ失フト云フニ當レリ若シ夫レ失効ハ選擧ノ當日ニ遡ルヘシト斷定セハ其間ニ議決セシ事件ハ悉皆無効ノ議決トナサヽルヲ得サルカ如シ如何

(答) 法文簡短ノ爲メ疑ヲ生スルハ當然ノ事ナレ𪜈此場合ハ決シテ選擧ノ當日ニ遡リ總テ無効トナスノ意ニ在ラス故ニ効力ノ上ニ其日ヨリノ四字ヲ加ヘアルノ法文トシテ解スルヲ穩當ナリト考フ

要件ノ有無

其要件ノ有無ハ市會之ヲ議決ス　トアリ然ラハ要件ヲ有セサル者ヲ發見シ又ハ要件ヲ失フ者アルトキハ其事件ノ明々白々ナルモノ例ヘハ刑法上ニテ公權ヲ剝奪セラレ若クハ身代限處分中ノ者カ要件ヲ失フ塲合ニ於テモ一々議會ヲ招集シテ其効力ノ有無ヲ審議セシムルノ勞ヲ取ラシメサルヲ得サルヤ

（答）徒勞ニ屬スルカ如シト雖モ一々議會ニテ議決スルヲ要ス

第三十一條（町村制）

總會ヲ設クル塲合ノ條例

郡參事會ノ議決ヲ經町村條例ノ規定ニ依リ　トアリ其小町村ニ於テ設定スル條例ハ總會ノ議決ニ依ルヘキモノナレトモ未タ通常ノ町村會ヲ開クヘキカ又ハ總會ヲ開クヘキカモ定マラサル前ニ於テ條例ノミヲ設定シ得ルモノニアラス然ラハ本條ニ所謂條例トハ如何ナルモノヲ指スヤ

（答）第十條ニ謂フ所ノ條例ト本條ノ條例トハ同性質ノモノナリ畢竟町村會

ノ開設前ナルカ故ニ郡參事會ニテ代作スルニ過キス

町村條例　ハ郡參事會ノ設定ニ係ルヲ以テ通常ノ條例ノ如ク第百二十五條(町村會ニ於テ町村條例ヲ設ケ幷改正スル事ヲ議決シタルトキハ内務大臣ノ許可ヲ受クルコトヲ要スルノ明文)ニ依リ内務大臣ノ許可ヲ受クル限ニアラサルカ如シ若シ然リトセハ町村吏員ニ手當ノ給否等ノ如キ些細ノ事件ト雖モ條例ヲ以テ規定スレハ内務大臣ノ許可ヲ受ケ町村總會ヲ設クル如キ至大ノ事件ニ係ル條例ハ郡參事會ノ議決限リニテ施行スルヲ得ハ制度上彼此ノ權衡ヲ失スルニアラスヤ況ンヤ本條ノ働キヲ爲スハ町村制施行ノ際ナレハ郡參事會ノ事務ハ郡長ニテ行フヲ以テ郡長獨斷ニテ設ケタル條例ヲ發布スルノ事實アルニ於テヲヤ

(答)　郡參事會ノ認メテ町村總會ヲ設クルヲ適當ナリトナストキ併セテ其町村ニ代リテ町村條例ヲ設ケサレハ實際ニ差閊ニアルヘキヲ以テ郡參事會ニ

於テ條例ヲ設クルハ已ムヲ得サルニ出タルモノナリ而シテ此町村條例ハ假令ヒ郡參事會ノ議決ニ成ルノ事實アルモ其性質ハ町村總會ニ於テ議決シタルモノト同樣ナルヘキヲ以テ郡參事會ハ第百二十五條ニ依リ內務大臣ノ許可ヲ受ケサルヘカラサルモノト思考ス

條例ノ改廢

小町村ノ町村條例ハ郡參事會ノ設定ニ係ルヲ以テ後日町村公民ノ總會ニ於テ何程不便ヲ感スルモ之カ改廢ヲナスヲ得サルヤ若シ得サルモノトセハ自治ノ原則ニ背クカ如シ如何

（答）町村公民ノ總會ニ於テ自ラ改正廢止スルヲ得スト雖モ之カ改廢ヲ郡參事會ニ請求スルヲ得ヘシ

第二款

委任事件ノ區別

第三十條（市制）　第三十二條（町村制）

從前特ニ委任セラレ又ハ將來法律勅令ニ依テ委任セラルヽ

事件トアリ從前ト將來ト法文上殊更ニ區別ヲ付セラレタルハ深キ理由ノアルコトナルヤ

(答)地方自治體ニ委任セラレタル事件中從前既ニ區町村ノ取扱ニナリ居タルモノハ其儘ニナシ置キ此法律發布ノ爲メ國ノ行政中何々ノ事件ヲ委任スト格段ニ命令セラレサルヘシ故ニ從前委任セラレタル事件中ニハ布告(今日ノ法律勅令)布達(今日ノ閣令省令)訓令等ニテ定メラレタルモノアルヘシト雖モ自今委任セラルヽトキハ必ス法律勅令ヲ以テスト定メラレタリ而シテ其法律勅令ヲ以テスト定メラレタルハ市町村ニ義務ヲ負擔セシムルハ國ノ法律ニアラサレハ之ヲ行フヲ得ストノ原則ニ依リタルモノナリ但此法律中勅令トアルハ目下本邦ニ於テ何々ハ法律何々ハ勅令ト其區別判然セス法律ヲ以テ制定セラルヘキ事件ニシテ往往勅令ヲ以テ發布セラレタルモノアルヲ以テナリ故ニ將來ハ市町村會ノ職權ヲ伸縮スルハ必ス法律勅令ノ定ムル

所ニ依ルヘクシテ省令府縣令等ヲ以テ負擔ヲ加フルヲ得サルヘシ是レ從前ト將來トニ於テ義務ノ負擔上區別アル所以ナリ

従前ノ委任

從前特ニ委任セラレ　トアル中ニハ國ノ行政事務ノミナラス從前府縣會ニテ議定スヘキ事件ヲ區町村會ノ議決ニ委任シタルモノモ包含スルヤ

（答）然リ明治十四年第六號布告等ニ依リテ委任シタル場合ニハ包含スヘシト思考ス但府縣制郡制施行ノ上ハ此等ノ委任事務ハ自ラ消滅スヘシ

第三十一條（市制）　第三十三條（町村制）

市條例ノ廢止

市條例及規則ヲ設ケ并改正スル事　トアリテ廢止ノ場合ナシ廢止ハ市會議決ノ範圍外ナルヤ

（答）法律ニ明文ナシト雖モ市會ニ於テ條例等ヲ設定スルノ權アル上ハ廢止スルモ亦市會ノ權内ニアルヤ勿論トス

十一事件ノ議按調製者

十一事件　ノ議按ヲ調製スルハ何人ナルヤ

（答）市ニ在テハ市參事會町村ニ在テハ町村長ナリ市制第六十四條町村制第六十八條ニ市（町村）會ノ議事ヲ準備シトアル中ニ議按調製ノコトモ包含ス

身元保證金ヲ徴スルハ收入役ニ限ルヤ

（答）重モニ收入役ナルヘシト雖モ市町村會ノ議決次第ニテハ他ノ吏員ヨリモ之ヲ徴スルコトアルヘシ

身元保證金ノ徴否ハ町村會ノ議決ニ由ルヤ

（答）身元保證金ハ特ニ町村ノ收支ヲ管掌スル收入役ニ向テ徴收スルヲ必要トナスモノニシテ其所以ハ會計事務取扱ノ誠實ナランヲ擔保セシムルニアリ而シテ其之ヲ徴スルト徴セサルトハ町村會ノ議決ニ由ルト雖モ實際ニ於テハ收支額僅少ノ町村ヲ除クノ外ハ之ヲ徴スルモノ多カルヘシ

身元保證金ノ項正解ニハ市吏員（重ニ收入役）トアリ右ハ町村ニ於テハ町村長以下使丁ニ至ルマテ役場ニ從事スル者幷第五十六條ノ有給町村長及助

役モ含蓄スルヤ

（答）町村吏員トハ有給無給ヲ論セス總テノ町村吏員ヲ云フ尤モ金錢ノ出入ヲ取扱フ役員ノ外ハ概ネ身元金ヲ取リ置クノ要ナカルヘシ又使丁ハ吏員ニアラサレハ身元金ヲ徵收スルノ限ニアラス

訴訟及和解

本條ニ訴訟及和解トアリ又第六十八條第二項第七ニ訴訟及和解ヲ町村長ノ職務ト定メアリ聊抵觸スルモノヽ如シ如何

（答）抵觸セス本條ニ依リ町村會ノ議決シタル訴訟及和解ノ事ハ第六十八條ニ依リ町村長之ヲ執行スルモノトス

訴訟

訴訟トハ民法上ノ訴訟ノミヲ云フヤ

（答）然リ

市吏員ノ名稱

第三十二條（市制） 第三十四條（町村制）

其職權ニ屬スル市（町村）吏員トハ如何ナル吏員ナルヤ此法律中市

(町村)會ニ於テ選擧スルニ定マリタル市町村長及助役、參事會員、收入役、書記其他附屬員、區長及其代理者及委員ヲ指シタルモノナルヤ

(答)然リ、市町村吏員ヲ選擧スルハ市町村會ノ職權即チ義務ニ屬スルハ此法律中既ニ規定アリト雖モ此條ニ於テ殊ニ法律勅令ノ文字ヲ加ヘアルハ蓋シ將來吏員增置ノ場合アルコトヲ慮リ且市町村吏員ノ選擧ハ法律勅令ニアラサレハ之ヲ自治體ノ義務トナササルコトヲ併セテ明ニシタルモノナリ

第三十三條 (市制)

市ノ事務ニ關スル書類 云々トアリ其市ノ事務トハ市ノ固有事務及委任事務ノ兩者ヲ指稱スルモノナルヤ

(答)市ノ事務トハ市ノ固有事務ヲ指シタルモノナレハ市會ノ檢閲權ハ其自治事務ノ書類ニ限リ國又ハ府縣ノ行政事務ニ屬スル書類ニ及ハサルモノト

計算書
撿閲
官廳
官廳

ス但計算書ニシテ其支出金額ノ市ニ屬スルモノハ假令ヒ委任事務ノ爲メニ支消シタルモノト雖モ市會之ヲ撿閲スルノ權アルヘシ

計算書 トハ收支決算報告書ヲ云フヤ

（答）町村ノ會計ニ關スル帳簿等ヲ云フ

町村會議員 ハ一己ノ資格ヲ以テ書類等ノ撿閲ヲ町村長ニ求ムルヲ得サルヤ

（答）町村會ノ職權ナレハ議員一己ノ意見ニテ撿閲ヲ行フヲ得ス

第三十四條（市制）　第三十六條（町村制）

官廳 トハ高等行政廳ヲ指シタルモノナレハ市ニ就テ言ヘハ府縣廳以上町村ニ就テ言ヘハ郡廳以上ヲ官廳ト云フヘキヤ

（答）然リ

官廳 トハ監督官廳ヲ指シタルモノナルヤ

（答）監督官廳ノミナラス廣ク諸官廳ヲ指シタルモノナリ此法律中監督官廳ノ場合ニハ必ス監督ノ二字ヲ冠シアルナリ

第三十五條（市制）第三十七條（町村制）

臨時町村會

町村會ノ會期前ニ本條ノ事件ニ付裁決ヲ要スルトキハ臨時會ヲ開クヘキヤ

（答）第四十條ノ規定アリ會議ニハ臨時通常ノ差別ナシ

町村長ノ裁決

町村會ノ設ケナキ町村ニ於テハ町村長之ヲ裁決ストアルヲ某註釋書ニ論シテ「町村住民及公民タル權利ノ有無並選擧權ノ有無ニ關スル訴願ハ如何ナル理由ニヨリテ町村長之ヲ裁決スルヤ又選擧人名簿ハ町村長ノ調製シタルモノナレハ其正否ヲ町村長ニ裁決セシムルハ不穩當ナリ此等ハ訴願ヲ待テ郡參事會之カ始審ノ裁決ヲナス」ト云ヒ又「正解ニハ其他前項ニ記載シアル事項（即チ選擧人名簿ノ正否等ヲ云フ）ハ町村會ニ關スルモノニシテ町

村會ヲ設ケサル町村ニ必要ナキナリ」トアリ一ハ第二項ニ明文ナキハ町村長ヲシテ裁決セシメサルカ爲ナリト解シ一ハ明文ナキハ要用ナキカ爲メナリト解セリ何レヲ是トナスヤ若シ正解ヲ是ナリトセハ委シク其理由ヲ明示アレ

（答）第二項ハ第一項ノ例外ニシテ若シ第三十一條ノ小町村ニテ第一項ノ裁決ヲ要スルコトアレハ總會ヲ招集セス便宜上町村長ヲシテ裁決ヲナサシムルノミ又其選擧ニ關係アル事件ヲ除キアルハ元來小町村ニテハ選擧ヲ行ハサレハ人名簿ノ要用、等級ノ當否、選擧ノ効力ニ關スル訴願ノ生スヘキ筈ナキヲ以テナリ某註釋書ニ郡參事會ノ裁決ヲ仰カシムルカ爲メニ第二項ニ明文ヲ缺クトナシ、ハ牽强附會ノ説ト云フヘシ

本條ノ事件　ヲ某註釋書ニ解釋シテ「市制ニ在テハ第二項町村制ニ在テハ第三項ヲ指シタルモノニシテ市制ノ第一項町村制ノ第一項ヲ包含セス其理由ハ第一項ノ訴願ヲナス場合ハ市町村長ニ申立市町村長ハ市町村會ニ付シテ議

決セシムルモノナレハ之ニ對シテ異議アルノ理ナケレハナリ」ト言ヘリ果シテ然ラハ此項ノ本條トアルハ第一項ヲ除キテノ意ナリヤ

(答) 然リ、但市町村長ハ市町村會ノ裁決ニ對シ異議ナキモノト斷言スルヲ得ス某註釋者ハ第一項ノ申立アラハ市町村長ヨリ市町村會ニ訴願スルコト、誤解シタルモノナランカ尤モ法文ノ簡易ニ過クルカ爲メ註釋者ノ惑ヲ釀セシモ亦其理レナキニアラサルナリ抑第一項ニ列擧スル事件中訴願ノ原由トナルヘキ處分ハ市町村長ノ之ニ關係セサルモノ絕テナキヲ以テ最初ヨリ市町村長カ原告トナリテ市町村會ニ訴願スル場合ハ亦絕テ之ナカルヘシ本項ハ單ニ第二項(町村制ハ第三項)ヲ受ケタルモノニシテ即チ市町村長モ市町村會又ハ郡府縣參事會ノ裁決ニ不服アルトキ例ヘハ市長ニ於テ選擧人名簿ニ登錄セサリシ者ヲ市會ニ於テハ登錄スヘシト裁決ヲ下シタルモ仍ホ市長ニ於テ選擧權ヲ有セストス見込タル場合ニハ其裁決ニ對シ訴願又ハ訴訟ヲ爲

スコトヲ得トノ意義ナリ

執行ノ停止

本條ノ訴願及訴訟ノ爲メニ其執行ヲ停止スルコトヲ得ストハ第二項府縣參事會ヘノ訴願又ハ行政裁判所ヘノ訴訟ノ爲メ第一項市會ハ裁決ハ執行ヲ停止セサルノ意ナルヤ

(答) 第一項市會ノ裁決ノ執行ヲ停止セサルノミナラス選擧人ノ訴願(第二十八條)等ノ爲メニモ選擧ノ執行ヲ停止セス例ヘハ當選ノ議員ハ其選擧ニ關シテ他ヨリ異議ノ申立アリテ訴願中ナルモ其裁決確定マテハ依然トシテ議員ノ職ニ在ルノ類ナリ

其執行トハ何ゾ

其執行ノ其ノ字ハ何ヲ指スヤ法文簡ニ過クルカ爲メ諸註釋書中各其解說ヲ異ニセリ明示アレ

(答) 其ノ字ハ二個ノ意義ヲ有ス第一ニ訴願前ノ權利幷選擧ノ執行例ヘハ公民トナリタル者ハ他ヨリ市會ニ訴願スルアルモ其裁決アルマテハ矢張公民

權ヲ行ヒ若シ市會ニテ公民權ナシト裁決ヲ下シタルトキハ其時ヨリ公民權ヲ失フノ類ナリ第二ニ訴願後ノ裁決ノ執行例ヘハ前ニ云フ公民市會ノ裁決ニ服セス我ハ公民權アリト府縣參事會ニ訴願スルモ市長ハ其訴願アルニ關セス市會ノ裁決通リニ其人ヲ公民外ノ者トシテ取扱フノ類ナリ故ニ本項ノ但書ニ判決確定スルニ非サレハ更ニ選擧ヲ爲スコトヲ得ストノ例外文ヲ掲クルノ必要アルハ蓋シ公民權ノ有無等ハ市會若クハ府縣參事會ノ裁決ニ從ヒ或ハ無トナリ或ハ有トナルモ市長ハ其時々之ニ應スル取扱ヲ爲スノミナリト雖モ選擧ニ限リテハ然ルヲ得ス若シ市會ノ裁決ニ從ヒ議員ノ改選ヲ行ヒタル後行政裁判所ノ判決ニテ前ノ議員選擧ハ効力アリト確定センカ前後二名ノ議員ヲ生スルノ不都合アルヲ以テナリ

執行ノ停止

執行ヲ停止スルヲ得ス　トアルヲ某註釋書ニ解ヲ下シテ「其訴願ノ未タ確定セサル前ニ其權利ヲ重ンスル所以ニアラサルナリ」ト云ヘリ若シ此解

故障

釋ノ如クナルトキハ最初議員ニ當選シタル者ニハ市會ハ府縣參事會ノ裁決如何ニ拘ハラス訴願確定マテ議員ノ地位ヲ保タシムルコトヲ得ルニ至リ市會又ハ府縣參事會ノ裁決ハ無効力トナラン本條ニ執行ヲ停止スルヲ得ストハ果シテ如此ノ主意ナルヤ

（答）執行ヲ停止スルヲ得ストハ假令ヒ市會ニ訴願スル者アルモ之カ爲メ其被選擧人ノ權利ノ執行ヲ停止セサルヘシ然レトモ市會ニ於テ其被選擧人ノ當選ヲ無効ト裁決シタルトキハ其裁決ヲ執行シテ其人ヲ議員中ヨリ除クヘシ然ルニ又其人市會ノ裁決ニ服セス府縣參事會ニ訴願シ其裁決ニテ有効ト決シタルトキ之ヲ執行シテ再ヒ議員中ニ加フヘキノ謂ヒナリ故ニ執行ニハ權利ノ執行ト裁決ノ執行トノ兩義アリト解セサルヘカラス

第三十九條（町村制）

故障トハ第四十條ノ場合ヲ云フヤ

（答）第四十條ノ場合ノミナラス病氣等其他ノ事故ニテ出席セサルトキモ亦之ニ包含ス

第三十八條〔市制〕 第四十條〔町村制〕

父母兄弟

父母兄弟 ト記シ姉妹ヲ載セサルハ如何ナル理由ニ基クカ其兄弟ト姉妹トノ間果シテ愛情ニ差アルヤ本條ノ制限甚狹隘ニ失スルカ如シ如何

（答）兄弟ノ中ニ姉妹ヲ含蓄ス又本條ノ制限ハ狹隘ナラス適當ノモノナリト思考ス若シ制限ヲシテ餘リ廣汎ナラシムルトキハ小村ノ如キ其村内ニ親戚縁類ヲ有スル多キ場合ニ於テハ故障ノ爲メ議事ヲ開クコト能ハサルニ至ルヘキノ恐アリ

議長代理

年長ノ議員ヲ以テ議長トナス トキ若シ其年長ノ議員ニシテ同年者二名以上ナル場合ニ於テハ如何ナル方法ヲ以テ議長ヲ定ムヘキヤ

（答）法律ニ明文ナシト雖モ他ノ場合ノ例ニ倣ヒ先任ノ議員ヲ議長トナスカ

父母　　議事ノ辨明　　町村長ノ議事ニ列席スルハ職權ナリ

又ハ抽籤ヲ以テ議長ヲ定ムルカ町村會ノ便宜ト認ムル所ニ從ヒテ然ルヘシ

父母ノ中ニ祖父母ヲ含ムヤ

（答）祖父母ハ含マス

第三十九條（市制）第四十一條（町村制）

議事ヲ辨明スル場合ニ於テハ會議ノ事件自己及父母兄弟若クハ妻子ノ一身上ニ關スルトモ議席ニ列席シ妨ケナキヤ

（答）辨明員ハ議決數ニ加ハラサレハ妨ケナシ又職務上必ス臨席セサルヘカラス

町村長及助役ハ會議ニ列席云々トアレモ町村長ハ既ニ町村會ノ議長ナレハ會議ニ列席スルコト無論ナリ本條町村長及ノ四字ハ贅字ニアラサルヤ

（答）不要ノ文字ニハアラサルナリ本條ニハ町村長タル者ハ議事ヲ辨明スル

職權ヲ明ニシタリ故ニ町村長ハ一人ニシテ會議ノ議長タリ又說明員タルノ資格ヲ有ス

町村長辨明ノ場合

町村長ノ議事ヲ辨明スルトキハ必ス議長席ヲ下リ番外席ニ着カサルヲ得サルヘシ其際ニ要スル假ノ議長ハ必ス助役ヲ用ヒサルヘカラサルヤ

(答) 助役不在ナレハ第四十條ニ依リ年長ノ議員ヲ議長トナスヘシ又町村長ノ議事ヲ辨明スルニ必スシモ議長席ヲ下ルヲ要セス却テ議長席ニ在リテ辨明ヲナスノ簡便法ヲ取ルヲ可トス

町村長ハ議長トシテ故障アルトキト雖モ議事ニ列席スルコトヲ得

議長ノ一身上ニ關スル事件ニハ議決ニ加ハルヲ得サレヒ町村長タル資格ニテ會議ニ列席シテ議事ノ辨明ヲ要スル場合多々之アルヘシ此場合ニ於テハ町村長ノ列席ハ妨ケナキヤ

(答) 議決ニ加ハラサレハ妨ケナシ

第四十條〔市制〕　第四十二條〔町村制〕

議會招集

市長若クハ市參事會ノ請求アルトキ必ス議會ヲ招集ス可シトアリ議會ノ招集ヲ請求スルニ市長ノ名ヲ以テスルトキト市參事會ノ名ヲ以テスルトキノ區別ハ如何ナル塲合ナルヤ

（答）別ニ區別ヲ爲スノ要用ナキヲ以テ便宜市長若クハ市參事會ヨリ請求スルコト、定メタリ但强テ區別ヲ爲サハ市長ノ請求スルハ國ノ委任事務（第七十四條）ニ關シテ議會ノ評議ヲ要スルトキ市參事會ノ請求スルハ市ノ固有事務（第六十四條）ニ關シテ議會ノ評議ヲ要スルトキトナスナラン

市參事會員ノ招集

市參事會員ヲ市會ノ會議ニ招集スルトキ　トアリテ此法律中參事會員招集ノ權ヲ市會ニ與ヘタルノ條項ナシ又參事會員ハ市ノ行政機關ナルヲ以テ市會ニ之ヲ招集シ其議決ニ加ハラシムヘキモノニアラス然ラハ第三十九條ノ會議ニ列席シテ議事ヲ辨明スル塲合ヲ指スモノカ該條モ亦市會ノ招集ヲ待チテ臨會スルニアラスシテ參事會員自己ノ職權ニ依リテ列席スルモノナ

レハ該條ノ場合ヲ指シタルモノニモアラサルカ如シ本條ノ參事會員ヲ招集スルトハ如何ナル場合ナルヤ

(答) 招集ノ文字ハ第一項ニ市會ハ會議ノ必要アル毎ニ議長之ヲ招集ストアル場合トハ稍其意義ヲ異ニシ本項ニ所謂招集トハ會議ニ列席スヘキ市參事會員ニ會議ノ事件等ヲ通知スルニハ第二項議員ニ會議ノ事件ヲ告知スルト同樣ニナスヘシトノ意ニ外ナラサルヘシ故ニ本項ハ市參事會ニ會議ノ期日并事件ヲ告知云々ト記シアラハ頗ル穩當ナリト思考ス

議員自ラ集會シテ議會ヲ開クヲ得ス

市會ハ議長之ヲ招集ス　トアリ然ラハ議長ノ招集ヲ待タス各議員自ラ集會議決スルモ市會議決ノ效ナキヤ

(答) 法律ニ背クノ會議ナレハ其效ナキハ勿論ナリ

議員四分ノ一

議員四分ノ一　トハ定數ノ四分ノ一ナルヤ

(答) 然リ

議員三分ノ二以上トハ定數ノ三分ノ二以上ナリ

議員一名モ出席セサレハ原按ニ決ス

議決ハ比較多數ニ由ル

第四十一條〔市制〕　第四十三條〔町村制〕

市會ハ議員三分ノ二以上　トアリ三分ノ二トハ定數ノ三分ノ二ナルヤ將タ闕員アル場合ニ於テハ其現在員ノ三分ノ二ナルヤ

（答）定數ノ三分ノ二ナリ

招集再回ニ至ルモ出席者ナキ　場合ハ如何スヘキヤ

（答）此場合ニ於テハ原按ヲ可決シタルト同樣ナリ何トナレハ議員ノ出席セサルハ其議按ヲ可ト認メタルニ由ルモノト推定スヘキヲ以テナリ

第四十二條〔市制〕　第四十四條〔町村制〕

市會ノ議決ハ可否ノ多數ニ依リ之ヲ定ム　トアリ此ニ多數ト云ヘルハ比較多數ノコトナルヘシト雖モ從來本邦ニ於テハ總テ過半數議決法ヲ用ヒ人民モ亦之ヲ習熟スルモノヽ如シ然ルニ此法律ニ過半數法ヲ採用セラレサルハ理由アリヤ

（答）別ニ深キ理由アルコトヽモ考ヘラレス只議決ノ順序ニ混雑ナク議事ノ簡畧ニ行ハルヽノ便ヲ計リ比較多數法ヲ採用セラレシナラン

第四十三條（市制）　第四十五條（町村制）

市會ニ代リテ府縣參事會議決スル理由

議員ノ數定數ニ滿タサルトキ府縣參事會市會ニ代テ議決ストアリ市ニハ市會ニ於テ選擧シタル市參事會ナルモノアリ然ルニ緣遠キ府縣參事會ノ議決ニ付スルハ如何ナル理由アリヤ

（答）市參事會ハ其市ノ行政機關ナレハ市ノ議政機關ナル市會ニ代リテ議決ヲナストキハ自ラ提出セシ議按ヲ自ラ議決スルニ當リテ穩當ナラス故ニ一層上級ノ府縣參事會ノ議決ニ付シ以テ他日其議決ニ對シ市會ノ不滿ナキヲ期シタルモノナルヘシ

議員ノ定數ニ滿タサル例

議員ノ數會議ヲ開クノ定數ニ滿タサルトキ　トハ例ヘハ十八名ノ定員ヲ以テ組織スル議會アリ其中五名ハ病氣其他ノ事故ニ依リテ缺席シ二

名ハ一身上ノ事故ノ爲メニ出席スルヲ得サルトキハ本項末段ニ依リ郡參事會町村會ニ代リテ議決ヲナスヘキモノナルヤ

（答）然ラス町村制第四十三條ニ依リ再招集ヲナシ尙ホ九名ノ議員病氣等ノ爲メニ出席セサル場合ニ於テハ議員ノ出席三分ノ二ニ滿タサルモ缺員ノ儘ニテ議決スルヲ得ヘシト雖モ本條ハ之ニ反シ一身上又ハ親屬ノ關係ノ爲メニ除名者ノ數議員總數三分ノ一以上ニ及ヒシ場合ニ於テノミ之ヲ適用スヘキモノナリ

議決ニ加ハルコトヲ得ス　議員ハ故障アルトキ列席スルヲ得ストト本條ニ明文アリ然ラハ可否ノ議決數ニ加ハラサレハ議員ノ議場ニ列席スルハ妨ケナキヤ

（答）議員ハ議決スルカ爲メニ會議ニ出席スルモノナレハ假令ヒ議決ニ加ハラサルモ議事ニ參與スルヲ得ス其議席ヲ避クルヲ當然ナリトス

第四十四條〔市制〕　第四十六條〔町村制〕

市吏員中ニハ市長モ包含ス

市吏員トハ「第四十九條ノ助役名譽職參事會員ヲ指スモノニメ市長ハ之ヲ選任スル能ハサルコトハ第五十條ニ明ナリ」ト甲註釋書ニ在リ又乙註釋書ニハ「市會ハ市長ノ候補者ヲ推薦シ助役及名譽職參事會員ヲ選擧ス即チ市吏員ハ皆市ノ選擧ニ依ラサル者ナシ」ト在リ一ハ市長ヲ市吏員外ノ者トナシ一ハ市吏員中ノ者トナセリ法律ノ精神ハ何レニ在リヤ

(答)本條ハ第三十二條ニ市會ハ法律勅令ニ依リ其職權ニ屬スル市吏員ノ選擧ヲ行フヘシトアルニ基キ其選擧ノ法則ヲ定メタルモノナレハ市長ヲ推薦スルトキモ亦本條ニ準據スヘキモノナリ但甲註釋書ニ市長ヲ選任スル能ハストハ明言セシハ蓋シ第五十條ニハ第五十一條ノ如ク其選擧ハ第四十四條ニ依テ行フヘシトノ明文ナキヲ以テノ故ナランカ然レ𪜈第五十條ノ推薦ノ爲メニ被薦擧人ヲ定ムルニ當リテハ矢張第四十四條ノ選擧法ヲ適用セサルヘカラサレハ本條ノ市吏員中ニハ市長ヲ包含スト解釋セサルヘカラス

匿名投票

過半數ヲ得ル者ナキトキ抽籤ヲ以テ當選ヲ定ムルハ如何ナル吏員ヲ選擧スル場合カ

匿名投票ヲ以テ之ヲ爲シ　トハ本條ニ在リ第二十二條議員選擧ノ場合ニハ單ニ投票ヲ以テ之ヲ行フトアリテ匿名ノ文字ナシ然レ𪜈議員選擧ノ方法ヲ熟讀スレハ是亦選擧者ノ氏名ヲ投票ニ記入セサル秘密投票ナレハ所謂匿名投票ナルモノナルヘシ彼ニハ單ニ投票ト掲ケ此ニハ特ニ匿名投票ト記シタルニ理由アルヤ

（答）本條ニ匿名ノ二字ヲ冠シタルハ第二十二條ノ如ク投票ノ手續ヲ掲クルノ煩ヲ避ケタルニ過キサルヘシ

第四十六條ニ町村會ニ於テ町村吏員ノ選擧ヲ行フトキ云々猶過半數ヲ得ル者ナキトキハ抽籤ヲ以テ當選ヲ定ム　トアリ又第五十四條但書ニ「投票同數ナルトキハ抽籤ノ法ニ依ラス郡參事會之ヲ決スヘシ」トアリ右第四十六條ノ註解ヲ見ルニ「町村吏員トハ町村長及助役ニ限ル」カ如シ然ルニ又第五十四條ノ註釋ヲ見ルニ「町村長及ヒ助役ノ選擧ハ抽籤

ノ法ニ依ラス郡參事會之ヲ決スヘシ」トアリ第四十六條ノ町村吏員カ果シテ町村長及助役ニ限ルモノトスレハ第五十四條ノ但書ハ第四十六條ト相矛盾スルカ如シ第四十六條ノ通則ニ依リ選擧スルハ如何ナル吏員ナルヤ

(答)第四十六條ハ法文明晰ナルヲ以テ正解ニハ詳密ノ解釋ヲ加ヘサリキ其註釋文ニ町村長助役ノ選擧ヲ行フニハ云々ト掲ケタルハ本條ニアル町村吏員ノ解釋ニアラスシテ町村吏員選擧ノ一例ヲ擧示シタルモノナルハ註釋文ヲ通讀セハ明了ナルヘシ而シテ本條ハ町村吏員即チ町村長、助役、區長及其代理者、委員等ノ選擧ハ通則ヲ掲ケタルモノニシテ第五十四條但書ハ町村長助役ニ限ル變則ヲ示シタルニ外ナラサルヘシ故ニ第五十四條但書ト本條トハ決シテ矛盾スルコトナシ本條ノ通則ニ依リ選擧スル吏員ハ區長及其代理者(第六十四條)委員(第六十五條)ナリ又收入役書記其他ノ附屬員ハ町村吏員ナルモ町村長ノ推薦ニヨリ選任セラルヽヲ以テ本條ノ通則ニ依リ選擧ス

ヘキ人員中ニ入ラス

第四十五條（市制）　第四十七條（町村制）

傍聽ノ禁止

議長ノ意見ヲ以テ傍聽ヲ禁スルコトヲ得　トアリ町村會ニ於テ議長タルモノハ町村長ナルヲ以テ或ハ濫リニ行政上ノ便ヲ計リ傍聽ヲ禁シ議員ト軋轢ヲ來スナキヲ保セス寧ロ議員幾名以上ノ請求ヲ以テ傍聽ヲ禁スルトナス方然ランカ如何

（答）議長ノ意見又ハ議員幾名ノ請求ヲ以テ傍聽ヲ禁スルハ穩當ナルヘシト雖モ此法律ニ於テ會議ハ公然傍聽ヲ許スヲ以テ正則ト定メ萬一秘密ヲ要スルトキニ限リ議長ノ職權ヲ行フコトヲ例外ト定メタレハ傍聽ノ禁否ニ關シ議長ト議員ト意見ヲ異ニスルコトナカルヘシ元來町村會カ自治ノ事務ヲ評議シ町村長カ之ヲ執行スルノ間ニ行政上ノ便ヲ計リ爲メニ軋轢ヲ來スカ如キコトハ萬々アルヘキノ事ニアラス今日ノ知事ト府縣會トノ間ノ如キハ自

傍聽ノ禁止

治制施行後和氣藹然タルノ日ニハ絕テ之ナキ事ナルヘシ

議長ノ意見ヲ以テ傍聽ヲ禁スルコトヲ得　トアレハ議會ヲ公開トナスト否トノ權ハ一ニ議長ノ專有トナレリ然ルニ今地方ノ狀況ヲ見テ將來ヲトスルニ政黨ノ競爭ヨリシテ議會ヲ公開スルコト自黨ノ不利益ナルトキ議長ハ自黨ノ爲メ濫リニ傍聽ヲ禁スルコトナキヲ期スヘカラス此等ノ場合ニ對スル處分法ハ此法律ニ明文ナキカ如シ如何

（答）議長ノ傍聽ヲ禁スルハ萬已ムヲ得サルトキニ限ルモノニシテ議長ノ隨意ニ禁止ヲナスヲ得サルモノトス然レ𪜈若シ質問ノ如ク議會ノ議事ヲ秘密ニナシ爲メニ地方ノ公益ニ反スル決議ヲナスニ至ラハ第百二十條ニ依リ內務大臣ハ其會議解散ノ處分ヲ行フヘシ又地方ノ自治制ヲ立ツルハ行政ノ事ヲシテ政黨ノ關係外ニ置カントスルコト是最肝要ナル點ノ一ナリ苟モ質問ノ如キニ至テハ已ニ自治ノ精神ハ亡ヒタルモノナリ是レ蓋此法律ニ此等ノ

爲ニ此條ヲ存セサル所以ナルヘシ

監督官廳吏員ノ入場

傍聽ヲ禁シタル會議ニハ府縣知事ト雖モ臨場スルヲ得サルヤ

（答）監督官廳ノ官吏ハ其職權上入場スルヲ得ヘシ

第四十七條（市制）　第四十八條（町村制）

事務ノ分課

議員ニ事務ヲ分課ス　トアリ議會ノ事務トハ如何ナルモノナルヤ

（答）議會ニ屬スル取調事件ニシテ例ヘハ出納ノ撿査、道路橋梁ノ監査等ノ如キ事務ヲ受持タシムルノ類ナリ

開閉會トハ其日ノ開閉會ヲ云フ

開會閉會幷延會ヲ命シ　トアルニ依リテ見レハ議長ハ其會期ノ開閉ヲ命スルモノヽ如シ然ラハ其日ノ開會閉會ハ何人之ヲ掌ルヤ

（答）本條ニ開會閉會幷延會ヲ命シトアルハ其日ノ會議ノ開閉シ幷延會スルヲ云フ

贊成擯斥ノ場合

公然贊成又ハ擯斥ヲ表シ　トハ如何ナル場合ヲ云フカ

（答）是ハ事實ノ問題ナレハ一定ノ程度ヲ示シ難シト雖モ法文ニ公然トアルニ注意スレハ傍聽者ニ於テ可ト云ヒ否ト呼ヒ又ハ手ヲ上ケ帽ヲ振ルノ類其所爲ノ形容ニ表ハルヽモノナルヘシ

退場ノ命令

議長ヨリ退場ヲ命スルトキ　之ニ應セサル者アラハ其處置如何

（答）警察官ノ公力ヲ借ルノ外ナシ

議事錄

第四十七條（市制）　第四十九條（町村制）

議事錄ニハ議員ノ演舌等ヲ總テ筆記シ置クヘキヤ

（答）議事錄ハ極メテ簡短ニシテ議決ノ要領ヲ記載シ置クヲ以テ足レリトス

會議細則ノ過怠金

第四十八條（市制）　第五十條（町村制）

會議細則ハ議事ノ方法議員ノ出入議場ノ開閉等ニ關スル種々ノ事ヲ規定スルモノニシテ現今ノ區町村會規則ニ均シカルヘキヲ以テ別段過怠金ヲ設クル必要ナキカ如シ如何

（答）法文ニ設クルコトヲ得トアレハ若シ設クルヲ要セサレハ之ニ優ルコトナシ

過怠金

過怠金ノ設ケアルモ之ヲ納メサルトキハ其儘ニナシ置クノ意ナルヤ

（答）第百二條ニ其他市ノ收入ヲ定期内ニ納メサル云々トアルハ過怠金等ヲ指シタルモノナレハ過怠金不納者ハ市稅不納者ト同一ノ處分ヲ受クヘシ

第三章　第一欵

第四十九條〔市制〕

名譽職ハ職名ニ非ス

名譽職參事會員トハ職名ナルヤ

（答）職名ハ單ニ參事會員ナリ參事會ハ有給ノ市長助役ト無給ノ會員トヲ以テ組織スルヲ以テ本條ニ名譽職ノ字ヲ冠スルハ有給ノ參事會トノ區別ヲ明ニスルカ爲メナリ

定員ノ增減

助役及名譽職參事會員ハ市條例ヲ以テ其定員ヲ增減スルコ

トヲ得トシ其增減シテ何名以上ヲ超過スルヲ得ス何名以下ニ下ルコトヲ得スト云フノ規定ナキヲ以テ少キハ一二名多キハ五十八ニモ百八ニモ至ルコトヲ得ヘシ故ニ法律ハ先ツ之ニ摸範ヲ與ヘ地方ニヨリ適宜增減スルコト、ナシタルモノナリ」ト其註釋書ニ在リ然ルニ正解ニハ「名譽職參事會員ノ定員ハ必ス本條規定ノ如クニシテ定員ヲ增減スヘカラス云々」トアリ一ハ本條ニ記載スル人員ヲ摸範ト云ヒ一ハ已ムヲ得サルニアラサレハ增減スヘカラサルノ定員ト云ヘリ何レヲ是トナスヤ

（答）市參事會員ノ定員ハ第十一條市會吏員ノ定員ト同シク市條例ヲ以テ之ヲ增減スルハ已ムヲ得サルトキニ限ルモノナリ本條ヲ指シテ參事會員ノ員數ノ標準ヲ定メタルモノト云フハ非ナリ

第五十條（市制）第六十一條（町村制）

市長ハ内務大臣市會ヲシテ候補者三名ヲ推薦セシメ上奏裁

可ヲ請フ可シトアリ而シテ某註釋書ニ「市長ハ其市ニ於ケル固有ノ事務ノ外國家ノ事務ナレ𪜈便宜上自治區ニ委任セラレタル所ノ事務アリテ例ヘハ司法警察補助官タルノ職務ノ如キ或ハ浦役場ノ事務ノ如キコトヲ管掌スルモノナレハ從テ純粹ナル市ノ機關タルニ止マラス一方ニ於テハ國ニ隷スルモノナルカ故ニ國長即チ皇帝ノ裁可ヲ經サルヘカラサルモノト知ルヘシ」ト在リ然ラハ町村長モ亦市長ト同シク國家ノ委任事務ヲ管掌スルモノナレハ皇帝陛下ノ裁可ヲ經サルヘカラサルカ如シ市長ト町村長トノ選任上ニ區別ヲナスハ別ニ理由アリヤ

（答）市長ハ町村長ト同シク最下級自治體ノ首長ナリト雖モ亦市ハ郡ト同シク府縣ノ直監ヲ受クルモノナルヲ以テ市長ハ郡長ト其地位ヲ均シクスル塲合アリ而シテ現行ノ制度ニ依レハ郡長ハ奏任官ヲ以テ之ニ任スルヲ以テ之ト權衡ヲ保タシメントセハ市長モ亦奏任官トナサヽルヘカラス然レ𪜈市長

ハ純然タル民選吏員タルヲ以テ他ノ行政官ノ如ク上奏任命ヲナスヲ得ス左リ述町村長ト同シク會議ノ選擧ニ放任センカ市長簡選上ニ鄭重ヲ缺クノ感ナキ能ハサルヘシ故ニ此制度ニ於テハ市長ノ接遇ヲ一種特別ノモノトナシ普通ノ行政官又ハ町村吏員ト區別ヲ明ニセラレタルモノニシテ某註釋書ニ云フカ如キ理由ヲ以テ上奏裁可ヲ請フモノニアラサルヘシ

市町村長選任法

市町村長ノ選任法ニ付テハ其説二派アリ一ハ市町村長ハ其市町村ノ代表者ナリ故ニ之レカ選任權ハ市町村ニ在リト云ヒ一ハ市町村長ハ其市町村ノ代表者ナリト雖モ又政府ノ法律勅令ヲ執行シ政府ノ委任事務ヲ處理スル者ナリ故ニ之ヲ政府ノ選任トナスヘシト云ヘリ而シテ右二説ハ各一理アリト雖モ今此理論ヲ貫徹セシメントスルトキハ一市町村ニ其市町村ノ代表者ト政府ノ代理者ト二人ノ吏員ヲ置カサルヘカラスシテ其費用ノ負擔ニ堪ヘサルニ至ルヘシ故ニ市町村長ハ二個ノ職務ヲ有スルト雖モ政府ノ代理者タルヨリモ寧

ロ其市町村ノ代表者タル方其重ナル職務ナレハ本制ニ於テハ断然之ヲ民選ト定メラレタリ」ト某註釋書ニ解ヲ下セリ其説甚當ヲ得タリト考フ今此説ニ由リテ他ヲ推究スルトキハ郡府縣モ自治體トナルトキハ郡長府縣知事ノ如キハ民選ニ屬スヘキモノヽ如シ如何

（答）市町村ハ自治行政ヲ主トスルヲ以テ市町村長ヲ民選トナサヽルヘカラス郡府縣ハ之ニ反シ官治行政ヲ主トスルヲ以テ郡長府縣知事ハ無論官選官吏タルヘシト思考ス

認可ノ權アル監督官廳

認可ノ權アル監督官廳トハ正解ニハ郡長ヲ指シタルモノニ解釋セリ然ルニ町村制第五十九條ト對照スレハ認可ノ權アル監督官廳ハ内務大臣及府縣知事タルカ如シ如何

（答）郡長ト掲ケシハ全ク府縣知事ノ誤ナリ直ニ正解ノ誤ヲ訂正スヘシ

代理者ノ費用

臨時官吏ヲ派遣スルトキノ費用ハ如何

（答）官職ヲ有スル者ヲ派遣スルトキハ其旅費日當等ヲ町村ヨリ支出スヘシ

代理者ノ俸給

郡書記ヲ派遣スルトキ其本官ノ給料ハ支給セサルモノナルヤ

（答）一時町村長ノ職務ヲ兼務スルモノナレハ本官ノ給料ヲ受ケ其他町村ノ規定ニ從ヒ旅費日當等ヲ受クヘシ

町村長ノ不認可

助役アリテ町村長ノ認可ヲ得サルトキモ亦代理者ヲ派遣スルヤ

（答）派遣セサルヲ得ス

代理者ノ資格

監督官廳ハ臨時ニ代理者ヲ選任ストアリテ法律上其被選人ノ資格ヲ規定セス故ニ適任ト認ムル者ハ其人ノ何タルヲ問ハス之ニ選任スルヲ得ヘキカ如シト雖モ町村制第九條第二項及第三項ニ掲クル者幷ニ公民權ヲ有セサル者ハ選任セラルヽヲ得サルヘシト思考ス何トナレハ假令ヒ一時ノ者ニセヨ其代理スル職務ハ町村長又ハ助役ナレハナリ

（答）臨時代理者ノ資格ハ制限ナシ監督官廳ニ於テ適任ト認ムル者ハ町村ノ

内外公民權ノ有無ニ拘ハラス之ニ選任スヘシ法律ニ資格ヲ規定セサルハ蓋シ是カ爲メナリト思考ス

第五十三條（町村制）

町村長及助役ノ年齡

町村長助役ノ年齡ヲ三十歳ト定メラレタルハ甚困難ナリ何トナレハ府縣會規則ニ依リ目下府縣會議長若クハ常置委員ニ在ル者ニシテ有力者ハ三十歳以下ニ多シ而シテ其人ニシテ居村ノ町村長ニ選擧セラルヽヲ得サルハ村內ノ折合甚惡カルヘキヲ以テナリ他ノ資格ニ屬スル二ケ年ノ制限ノ特免ト共ニ町村會ノ議決ヲ以テ年齡ヲモ特免スルヲ得サルヤ

（答）町村長ニハ成ルヘク老成者ヲ採用スルノ法意ナリ又法律ニ明文ナケレハ特免スルヲ得ス

町村長及助役ノ年齡

町村長及助役ノ年齡ヲ三十歳以上トナシ町村會議員ノ年齡ト其定限ヲ異ニシタルハ如何

（答）行政ニハ學識ノ外ニ熟練ヲ要スレハナリ

選擧權停止中ハ選擧セラレス

選擧權ヲ有スル者ヨリ選擧ス　トノミアレ𪜈選擧權ヲ停止中ノ者モ亦選擧セラレサルヘキヤ

（答）選擧セラレサルヘシ

當選ヲ取消ストキハ再ヒ選擧會ヲ開クヲ要ス

父子兄弟タル緣故アル場合ニ當リ助役ノ當選ヲ取消シ又ハ退職シタルトキ　ハ再ヒ選擧會ヲ開クヘキヤ

（答）然リ

代言人ニアラスシテ他人ノ爲ニ事ヲ辨スル者ハ町村長タルヲ得

代言人ニアラスシテ他人ノ爲ニ事ヲ辨スルヲ業ト爲ス者ハ町村長及助役ニ選擧セラルヽノ權ヲ有スルヤ

（答）第十五條第四項ノ如ク法律ニ明文ナキ以上ハ選擧セラルヽコトヲ得ヘシト雖モ認可ヲ受ケテ執職スルモノナレハ實際不適任ノ者ヲ擧クルカ如キコトハナカルヘシ

有給町村長

投票同數ノトキ參事會ノ決ヲ請フノ要ナシ

有給町村長及助役　ハ名譽職吏員ニアラサレハ父子兄弟タル者ト雖モ同時ニ在職スルヲ得ヘキヤ

（答）第三項ニ明文アル以上ハ有給無給ヲ問ハス同時ニ在職スルヲ得ス元來此法律ニ於テ同時ニ在職スルヲ禁シタルハ事務執行上公平ヲ失フノ恐レアルニ由ル

第五十一條（市制）　第五十四條（町村制）

投票同數ナルトキハ抽籤ノ法ニ由ラス府縣參事會之ヲ決ス可シ　ト本條ノ但書ニアリテ市會議員ノ投票同數者アル場合ニ於ケル抽籤ノ後再投票スルノ法ニヨラサルハ蓋シ土地ニ適當ノ人物ヲ得ンカ爲メ便宜上ヨリ斯ク定メラレタルモノナランナレトモ今選擧ノ實際ニ就テ考フレハ市吏員ノ選擧ハ市會議員ノ選擧ト異ニシテ一名毎ニ匿名投票ヲ以テ之ヲ行フノ成規ナレハ茲ニ三名ノ參事會員ヲ選擧スルニ際シ最初ノ一名ハ過半數ヲ以テ當選

シ其次ノ投票ヲ開クニ及ヒ投票同數ナル者二名ヲ出セリト假定セヨ此場合ニ於テ但書ノ明文ニ從ヒ府縣參事會ニ當選者ノ決定ヲ請ハンカ即時ニ之ヲ實行スルコト能ハサルヘシ然ラハ第三ノ投票ニ移ランカ第二ノ當選者決定セサル間ハ決シテ之ヲ行フコトヲ得サルヘシ結局其選擧會ヲ中止シ府縣參事會ノ決定ヲ待チ再ヒ第三ノ投票ヲナスニ至ルヘケン若シ此ノ如キ結果ニ至ルトセハ人物選擇ノ便宜ハ却テ選擧上ノ不便利ヲ來スヘキヲ以テ寧ロ但書ハ不用ニ歸セサルヘカラサルカ如シ如何

（答）但書ノ場合ハ助役及參事會員ノ選擧ヲ行フトキ若シ最多數ヲ得ル者三名以上同數ナルトキ議長自ラ抽籤シテ其二名ヲ取リ更ニ投票セシム此再投票ニ於テモ猶過半數ヲ得ル者ナキトキ府縣參事會ノ決定ヲ請フモノナレハ實ニ稀有ノ事ナルヘシ然レ圧理論上ニ於テハ若シ選擧ノ初頭ニ於テ此ノ場合ニ遭遇セハ選擧ヲ中止スルノ外ナシト言ハサルヘカラス

町村長ノ任期

町村長及助役ノ任期ハ有給無給ヲ問ハス同一ナルヤ

（答）然リ

町村長ノ任期

町村長及助役ノ任期ハ其就職ノ日ヨリ計算スヘキヤ

（答）然リ

第五十二條（市制）第六十條（町村制）

市助役ト町村助役ノ比較

市制第五十二條ト町村制第六十條トヲ對照スルニ町村助役ノ選擧ニ付府縣知事認可スヘカラストナストキハ府縣參事會ノ意見ヲ聞クヲ要ストセリ然ルニ町村ヨリ却テ鄭重ヲ要スヘキ市助役ノ不認可ニハ此ノ如キ規定ナシ輕重其宜ヲ失セサルヤ又府縣知事ノ不認可ニ對シ不服アル者ハ町村助役ニ在テハ結局內務大臣ニ具申認可ヲ請フコトヲ得ルモ却テ市助役ノ不認可ニ對シテハ該大臣ニ具申スルヲ得ス法文ノ比較研究上ニ甚タ惑ヲ生セリ敢テ說明ヲ請フ

（答）市助役ト町村助役トハ同性質ノモノナレハ立法ノ精神ヨリ推セハ監督上其取扱ヲ異ニスヘキ筈ナシ故ニ假令ヒ市制ニ明文ヲ缺クモ知事ニ於テ不認可スルトキハ參事會ノ意見ヲ聞クヘク又不認可ニ對シ不服アル者ハ内務大臣ニ具申スルヲ得ヘシト信認ス然レトモ本制ニ明文ナキ理由ニ至リテハ說明スルヲ得ス

自己ノ責任

自己ノ責任ヲ以テ云々　トアリ單ニ責任ト云フト自己ノ責任ト云フト意味ニ區別アルヤ

（答）自己ノ責任トハ參事會ノ意見ニ依ラス自斷ヲ以テスルノ意ナリ故ニ認可ヲ拒ミタル事ニ付テハ一身ニ其責ヲ負フノ覺悟アルヲ要スルナリ

報酬

第五十五條　（町村制）

町村長ハ職務取扱ノ爲メニ要スル實費辨償ノ外勤務ニ相當スル報酬ヲ受クルコトヲ得　トアリ勤務ニ相當スル報酬ハ即チ給料

ニシテ給料ハ即チ勤勞ノ報酬ナリ實際ニ其區別ナキカ如シ如何

（答）大ニ區別アリ第一給料ヲ受クル者ハ其事務ニ專ラ從事セサルヘカラス又其地位相應ノ体面ヲ保ツ丈ケノ資金ヲ給セサルヘカラサレハ從テ金額モ多カルヘシト雖モ名譽職ハ本業ノ傍ラ之ヲ行フヲ以テ其勞ニ對スル報酬金ハ其町村ヨリノ謝意ヲ表スルヲ主トシ其額ノ多少ヲ論スヘキ性質ノモノニアラス故ニ報酬ト俸給トハ之ヲ同一視スルヲ得サルモノトス

報酬

第六十九條ノ事務ヲ助役ニ分掌セシムルトキハ報酬ヲ給スルヲ得サルヤ

（答）助役ニ報酬ヲ給スルハ第七十條第二項ノ場合ニ限レリ

報酬

助役ニ報酬ヲ給スルハ自治行政事務ノ一部分掌ノ場合ニ限リ官治行政事務分掌ノ場合ニハ給スルヲ得サルヤ

（答）然リ

報酬

助役ニ平常報酬ヲ給セサル　ハ如何

（答）町村長ノ如ク一定ノ事務ヲ取ラス平常ハ町村長ノ相談相手タルニ過キサルニ由ル

第五十三條（市制）第五十六條（町村制）

一旦得タル公民權

市長又ハ助役ニ任シ一旦公民權ヲ得タル者　ハ退職後ト雖モ終身公民權ヲ有スルヤ

（答）一旦得タルモノハ假令ヒ退職後ト雖モ之ヲ有スルナリ

一旦得タル公民權

甲町村ノ公民ニシテ乙町村ノ有給町村長又ハ有給助役トナリタル者　ハ其退職後ト雖モ甲乙兩町村ニ於テ公民權ヲ有スルヤ

（答）然リ

其市公民タル者ニ限ラストノ範圍

市長助役ハ其市公民タル者ニ限ラス　トアリ然ラハ法律ハ他ノ市町村ノ公民ト云フノ意ナルヤ將タ其市ノ內外ト公民タルト否トヲ問ハス何人

ニテモ選擧セラルヽト云フノ意ナルヤ

（答）公民タルト否トヲ問ハス何人ニテモ選擧セラルヘシ

有給町村長

町村條例ノ規定ヲ以テ町村長ニ給料ヲ給スルコトヲ得トアリテ一ノ例外トナシタルモ此制度施行後當分ノ内ハ有給ナラサレハ甘シテ町村長ニ任スル者ナカルヘシト考フ如何

（答）未タ名譽ノ何物タルヲ辨セス義務ノ何タルヲ辨セサル地方ニテハ餘儀ナクモ有給町村長ヲ置カサルヘカラサルコトモアラン但法律ノ精神ニハ反セリ

有給町村長

町村長ヲ有給トナス　ニハ必ス町村條例ニ依ルノ成規ナリト雖モ町村制施行ノ際ニ當リ有給町村長ヲ置クヲ必要トナス町村ニハ豫メ郡長ヨリ指定シ之ヲ置カシムルヲ得ヘキヤ

（答）條例ノ認許後始メテ選擧ヲ行フヘキヲ以テ其許可前ニハ町村會ノ議決

ニ依リ有給町村長ヲ置クヲ得サルモノト思考ス

町村長及助役ノ給料

町村長及助役ノ給料ハ年俸、月俸若クハ日給ニテモ町村ノ適宜ニ任セ然ルヘキヤ

（答）適宜ニ任セ然ルヘキモ日給ハ不便ナラン

市長ノ退職

第五十五條（市制）　第五十七條（町村制）

三ケ月前ニ申立ツルトキトハ市長ニ於テ退職志望ノ旨ヲ市會ニ申立ツルトキハ三ケ月以内ニ市會ハ市長ノ候補者三名ヲ推薦シ内務大臣ノ指揮ヲ待ツヘキノ意ナルヤ又ハ市長ヨリ直ニ内務大臣ニ申立テ内務大臣ヨリ其旨ヲ市會ニ傳ヘ市長ノ候補者ヲ推薦セシムルノ意ナルヤ

（答）市長ハ元來市會ノ選擧ニ出ルヲ以テ前段ノ通市會ニ退職ヲ申立ツヘキモノト信ス但同時ニ府縣知事ヘモ申報スルヲ當然トス

町村長ノ退職

有給町村長及有給助役ノ退職ハ郡長ニ申立ツヘキヤ

（答）町村會ニ申立ツヘシ但同時ニ郡長ヘモ申報スルヲ當然トス

退隱料ヲ受クルノ權ヲ失フ

退隱料ヲ受クルノ權 ヲ失フ理由如何

（答）町村トノ約束ヲ履行セス自己ノ都合ニ依リテ退職スルニ由ル

第五十六條〔市制〕　第五十八條〔町村制〕

有給町村長ノ營業

有給町村長及有給助役 ニ他ノ營業ヲ爲スヲ許スコトアルハ如何ナル場合ナリヤ

（答）其本業アル者ヲシテ四年間休業セシムルハ不都合ナルノミナラス業体ニ依リテハ本職ノ体面ヲ保ツニ於テ毫モ妨ケナキコトアレハナリ

株式會社

株式會社 トハ總テ株券ヲ以テ組織スル會社ヲ云フヤ

（答）然リ

重役

重役 トハ會社ノ役員ヲ云フヤ

（答）肝煎支配人理事等ノ如キ社長若クハ頭取ニ次ク役員ニシテ書記手代等

ハ包含セス

町村長ノ認可

第五十九條（町村制）

町村長及助役ノ選擧ハ府縣知事ノ認可ヲ受ク可シトアリ此場合ニ於テハ議長タル町村長ハ就職前ナルヲ以テ自ラ認可ヲ請フコトヲ得サルヘシ然ラハ認可ハ町村會ノ名ヲ以テ代理議長ヨリ之ヲ受クヘキヤ

（答）然リ

當選ノ効力ヲ失フ期限

第五十七條（市制）

就職後要件ヲ失フトキ其人ノ當選ノ効力ヲ失フハ何時ヨリ起算スルヤ

（答）効力ヲ失ヒタル日ナルヘシ但失効ノ事實ハ凡テ市參事會ノ議決ヲ經テ之ヲ定ムヘシ

町村長及助役ノ任免

町村長及助役ノ任免ハ辭令書ヲ以テスヘキヤ

(答) 辭令書ヲ付與スルニ及ハス監督官廳ノ認可書ヲ以テ足レリト思考ス

認可ヲ受クル順序

町村長及助役ノ認可ヲ受クル ニハ郡長ヲ經由シテ書類ヲ府縣知事ニ差出スヘキヤ

(答) 然リ

第五十八條(市制) 第六十二條(町村制)

收入役ノ認可

收入役ノ選任ハ府縣知事ノ認可ヲ受クルコトヲ要ス ルノ理由如何

(答) 收入役ハ他ノ吏員ト異ニシテ且其管掌ノ事務ハ一般ノ行政ニ關係スルヲ以テ之カ選任ノ初ニ當リ監督官廳ニ於テ其爲人ヲ査察スルノ必要アリ

收入役ノ年齢

收入役 ニハ年齢ノ制限ナキハ如何

(答) 收入役ノ職務ハ他ノ行政機關ノ吏員ノ職務ト異ナレハ別ニ年齢ノ制限ヲ要セサルヘシ

國稅地方稅ノ徵收

國稅地方稅ノ徵收ヲ市町村ニ委任セラルヽトキハ之ヲ取扱フ者ハ必ス收入役ナルヘシ此場合ニ於テハ別ニ手當若クハ手數料ヲ給セラルヘキヤ

(答) 國稅等ノ取扱ニ關シ別ノ法律ノ出ルマテハ矢張町村長ノ職務ニテ收入役ノ職務ナラス尤モ實際便宜ニ依リテ町村長ヨリ收入役ニ委付スルナラン又手當等ハ國ノ委任事務ニ屬スレハ之ヲ給セラレサルヘシ

町村長ニテ收入役ヲ兼ヌル場合

町村長及助役ヲシテ收入役ヲ兼子シムルトキハ收入役ニ對スル給料ヲ別ニ支給スヘキヤ

(答) 本職ナル町村長ノ有給ト名譽職ナルトニ拘ハラス收入役ニ對スル給料ハ之ヲ支給セサルモノトス

相當ノ書記料ヲ給スル

第五十九條(市制) 第六十三條(町村制)

町村長ニ相當ノ書記料ヲ給ストアリ其支給ハ實費ヲ以テスヘキヤ

方法如何

（答）概算ヲ以テ書記ノ事務ヲ請負ハシム例ヘハ書記料トシテ毎月金五圓ヲ支給シ其出納ヲ問ハサルノ類ナリ

第六十條（市制）第六十四條（町村制）

處務

處務便宜トアリ此ニ所謂處務トハ市參事會ニ於テ行フ所ノ總テノ事務即チ市ノ固有事務ト國ノ委任事務トヲ併セタルモノト思考ス如何

（答）處務トハ市固有事務ヲ處理スルノ謂ニシテ此中ニ國ノ委任事務ヲ包含セス

三府ノ區長

東京京都大阪ニ於テハ區長ヲ有給吏員トナシ市參事會之ヲ選任ストアリ而シテ區長ノ地位タル書記其他附屬吏員ト同シケレハ其事務ヲ分擔セシムルモ自治ト官治トノ別ナク市參事會ノ適當ト認ムル所ニ任セ然ルヘシトノ論者アリ果シテ然リトセハ三市ノ區長ハ現今ノ區長ト大同小異ノモノトナルヘシ如何

（答）官治事務ハ區長ヲシテ分擔セシムヘキモノニアラス故ニ將來ノ區長ハ現今ノ區長ト其性質全ク異ナリ但三市ニ限リ別ニ法律ノ出ルトキハ格別ナリ

第六十一條（市制）第六十五條（町村制）

委員

ヲ置クトキハ市ノ人民ヲシテ自治ノ制ニ習熟セシムルノ効益アルノミナラス間接ニハ國政ニ任シテ完全ナル立憲制度ノ下ニ立ツヘキ能力ヲ養成シ得ヘキノ利益アリト雖モ行政ノ事務ヲ一々委員ノ調査若クハ諮詢ヲ經テ之ヲ行フトセハ却テ事務澁滯ノ弊ニ陷ルコトナキヲ得ンヤ又委員ニ當選シタル者ハ時々招集セラルヽトキハ却テ其煩ヲ厭フニ至ルヘシ昔日ノ學務委員勸農委員ニ鑑ミルモ委員ハ大ナル効益ナキカ如シ如何

（答）本制ノ委員ナルモノハ是迄ト違ヒ調査ヲ爲ス計リテナク又諮詢ヲ爲スモノニ非ス委員モ亦執行吏員ナリ只之ニ合議制ヲ採用セシマテナリ尤モ即時ニ効ヲ奏スルハ或ハ難カルヘシト雖モ自治制ヲ施行スル上ハ委員ノ設ケ

亦要用ナリ其効ナキ地方ニハ當分之ヲ設ケサルノミ

委任ヲ受ケタル助役

委任ヲ受ケタル助役トハ何ノ委任ナルヤ

（答）委員長タルコトヲ町村長ヨリ委任セラレタル助役ヲ云フ

第六十二條（市制）第六十六條（町村制）

區長及委員ノ任期

區長及委員ニ任期ナク町村長助役ニ任期アルハ彼此權衡ヲ得サルカ如シ如何

（答）區長委員ニハ任期ヲ設クルノ必要ナキヲ以テ任期ナキヲ通則トセリ然レトモ町村條例ヲ以テ之ヲ定ムルモ或ハ可ナラン原來區長及委員ハ四年間就職シタルトキハ之ヲ辭スルコト隨意ナレハ餘計ノ制限ヲ要セス

實費ヲ受クルノ權

區長代理者ハ實費幷報酬ヲ受クルノ權アリヤ

（答）實費ヲ受クルノ權アルハ勿論ナレトモ報酬ヲ受クル權ナシ

第六十三條（市制）第六十七條（町村制）

再選ノ定義

再選セラルヽコトヲ得トアルヲ以テ見レハ適任者ト雖モ三選四選セラルヽコトヲ得サルカ如シ如何

(答)再選トハ二回ノ意ニアラス幾回ニテモ選擧セラルヽノ謂ナリ

別段ノ規定又ハ規約

別段ノ規定又ハ規約トハ何ヲ指スヤ

(答)規定トハ法律又ハ條例ヲ以テ任期ヲ定メタルモノヲ云フ例ヘハ町村長助役等ノ如シ又規約トハ吏員選任ノ際其勤務年期ヲ契約シタルモノヲ云フ

吏員ノ任期

區長及其代理者ノ任期ハ町村條例ニ之ヲ定ムルヲ得ヘキヤ

(答)條例ニ任期ヲ定ムルモ妨ケナシ

第二欵

第六十四條〔市制〕　第六十八條〔町村制〕

擔任事務

第一ノ全文ハ擔任事務ヲ示シタルモノナルヤ

(答)市(町村)長ノ擔任スル事務トハ議事ヲ準備シ及其議決ヲ執行スル事マ

テニテ若シ以下ハ議決ノ執行ヲ停止スル場合ノ處分法ヲ示シタルモノナリ

郡參事會ノ裁決ニ不服アル場合

郡參事會ノ裁決ヲ請フ可シ　ト町村制第六十八條第二項第一ニアリテ又其末段ニ府縣參事會ノ裁決ニ不服アル者ハ行政裁判所ニ出訴スルコトヲ得トアリ而シテ其郡參事會ノ裁決ニ不服アルトキ出訴ノ場合ヲ示シナキハ如何

（答）郡參事會ノ裁決ニ不服ノ者ハ府縣參事會ニ訴願スヘキハ第百二十條ニ明文アレハ玆ニ之ヲ揭クルノ必要ナク又府縣參事會ノ裁決ニ不服アリテ行政裁判所ニ出訴スルコトヲ得ルハ權限ヲ越エ又ハ法律勅令ニ背クニ依テ停止セラレタル場合ニ限リ其公衆ノ利益ヲ害スト認メ停止セラレタル場合ハ內務大臣ニ訴願スヘキモノトス

勅令命令ノ區別

法律命令ニ背キ云々議決ノ執行ヲ停止シ府縣參事會ノ裁決ヲ請フ可シトアリ又法律勅令ニ背クニ依テ云々　トアリ一方

省令等ノ法律勅令ニ背ク場合

ニ於テハ法律命令ト云ヒ又一方ニ於テハ法律勅令ト云フモ二者ノ間ニ區別ヲ置クノ理由ヲ發見セス是レ立法者ノ不注意ニアラサルカ」ト某註釋書ニ見ヘタリ然レトモ此ノ如キ重要ノ點ニ立法者ノ注意ヲ缺クコト萬々之ナカルヘシ定メテ明白ナル理由アルヘシ答示ヲ乞フ

(答) 前ノ法律命令トハ法律勅令ハ勿論府縣令マテヲ包含シ其意義甚タ廣ク後ノ法律勅令トハ單ニ法律勅令ノミヲ云フナリ玆ニ命令ト勅令トヲ區別シタル所以ハ前ノ法律命令ニ背キ議決ヲ停止シタルモノヽ中ニテ其法律若クハ勅令ニ背クニ依テ議決ヲ停止セラレ之ニ不服ノ者ニ限リテ行政裁判ヲ仰クコトヲ得ルノ義ニシテ命令ト勅令トノ意義ニ自ラ廣狹ノ差アリ決シテ之ヲ立法者ノ不注意ト云フヲ得ス

法律命令ニ背キ云々　トアリ若シ其命令ニシテ法律勅令ニ背クトキハ(例ヘハ勅令ニ背キタル省令又ハ府縣令)町村會之ヲ遵奉セサルモ町村長ハ命

令ニ背キタル議決トシテ其執行ヲ停止スルヲ得サルヤ
（答）停止スルヲ得サルヘシ背法ノ命令ハ何人タリトモ之ヲ遵奉スルノ義務ナケレハナリ

町村吏員ノ懲戒

町村長ハ町村吏員及使丁ヲ監督シ懲戒處分ヲ行フノ權アリ

又第百二十八條ニ依レハ府縣知事郡長モ町村吏員ヲ懲戒スルノ權アリ若シ町村長ニ於テ懲戒ヲ行フヲ要セスト認メ不問ニ置クモ郡長又ハ府縣知事ニ於テ懲戒ヲ加フヘキト爲ストキハ町村長ヲ擱キ過怠金ヲ科スルコトヲ得ヘキヤ
（答）實際ハ町村長ヲ擱キ郡長又ハ府縣知事ヨリ直ニ町村吏員ヲ懲戒スルコトナカルヘシト雖モ監督上ニ於テハ郡長又ハ府縣知事ニ於テ懲戒權ヲ有セサルヘカラス故ニ町村長助役トモニ過失アルトキハ郡長ハ第百二十八條ニ依リ之ヲ懲戒スヘキモノトス

町村長ニ委任事務

法律命令又ハ上司ノ指令ニ依テ町村長ニ委任シタル事務

ト第六十九條ニ所謂國ノ行政幷府縣郡ノ行政ニシテ町村ニ屬スル事務トハ區別アリヤ

（答）本條ニアル町村長ニ委任シタル事務トハ例ヘハ法律ニ何々ノ事ハ町村長之ヲ調査スヘシト明文アリ又郡長ヨリ何々ノ件ヲ取調報告スヘシト命令アル塲合ハ町村長ハ之ヲ遵奉處理スルノ義務アルノ類ニシテ其範圍廣濶ナリ又第六十九條ニアル町村ニ屬スル事務トハ例ヘハ徵兵收税戸籍等ノ如キ國ノ行政ニシテ法律命令ニ依リ町村ニ其取扱ヲ委任セラレタル事務ヲ云フナリ

町村長ニ委任

町村長ニ委任　トハ即チ町村ニ委任スルノ謂ナルヤ

（答）然リ町村ノ代表者タル町村長ニ委任スルハ町村ニ委任スルニ外ナラス

小學校ノ事務

小學校ノ事務　ハ町村長ニ委任シタル事務トアル中ニ包含スルヤ

（答）現行ノ小學校令ニ依レハ小學校ノ事務ヲ以テ直ニ町村長ノ職務トナス

ヲ得スト雖モ町村制施行ノ上ハ小學校令モ從テ改正ヲ要シ學校管理ノ如キハ町村委員ノ擔任トナスニ至ルヘキモノト思考ス

第六十七條〔市制〕

市政一切ノ事務

市政一切ノ事務トハ何ヲ云フヤ

（答）市政一切ノ事務トハ市固有ノ事務タルト委任ノ事務タルトヲ別タス又參事會ノ管掌スル事務タルト收入役其他附屬員ノ司掌スル事務タルトヲ問ハス總テ市ニ屬スル事務ヲ汎ク指稱スルナリ

第六十八條〔市制〕

急施ノ場合

急施ヲ要スル場合トハ天災時變ノ爲メニ生スル救濟修繕等ヲ指シタルモノナルヘシト雖モ茲ニ急遽ノ期限ヲ定メ事業執行ノ命令アリタル場合例ヘハ次學期ヨリ小學校ニ兵式體操ノ課業ヲ加フヘシト文部省ノ命令アリ其命令ノ到達セシハ次學期ノ初ヲ距ル僅ニ一二日間ニシテ參事會員招集ノ暇ナキ

市參事會ノ分掌事務

塲合等モ此中ニ包含スルヤ

（答）事業施行ノ至急ヲ要スル塲合トハ例ヘハ堤防ノ今將ニ破壞セントシ又ハ破壞シタルトキ至急ニ人夫ヲ招集シ土壘ヲ築キ若クハ缺口ヲ閉塞スル等危急眼前ニ迫リタルトキニシテ學校ノ課業ノ如キ假令ヒ命令ニ施行ノ期限アルモ急施ヲ名トシテ市長之カ專斷ノ處置ヲナスヲ得サルモノト信ス

第六十九條〔市制〕第七十條〔町村制〕

市參事會員市長ノ職務ヲ補助スルヲ本職トナスモ亦市行政事務ノ一部ヲ分掌セシムルコトヲ此法律ニ於テ明許セリ本條ノ市行政トハ市ノ固有事務ノミヲ云フヤ或ハ市ノ固有事務ト國ノ委任事務トヲ合セタルモノヲ云フヤ

（答）本條ノ市行政事務トハ市ノ固有事務ヲ云フモノナリ國ノ委任事務ヲ市參事會ニ分掌セシムルハ第七十四條ニ別ニ明文アリ本條ハ市ノ固有事務ナルヲ以テ之ヲ分掌セシムルニ付テハ市長ハ市會ノ同意ヲ要シ第七十四條ハ

國ノ委任事務ナルヲ以テ監督官廳ノ許可ヲ得ルヲ要セリ此兩者ノ區別ニ就テ見ルモ本條ノ市行政ハ單ニ市ノ固有事務ノ行政タルヤ明ナリ

市會ノ同意

市會ノ同意　トハ決議ノ意ナルヤ

（答）決議ト云ヒ同意ト云フモ結局同一義ナリ

助役分掌

助役ニ於テ町村行政事務ノ一部ヲ分掌　スルトキハ　町村長ハ之ニ對スル責任ヲ有セサルヤ

（答）然リ

第七十條（市制）　第七十一條（町村制）

收入役ハ國稅地方稅ヲ徵收スルヤ

市收入役ハ市ノ收入ヲ受領シ　トアレハ國稅地方稅ヲ徵收スルハ別ニ專務官吏ヲ置カルヘキヤ又收入役ニテ之ヲ徵收スヘキヤ

（答）本條ノ場合ハ收入役ノ職務權限ヲ示シタルモノナレハ其本職タル市ノ收入支出ニ付テ規定シ國稅等ノ事ハ例外タリ而シテ將來市ヲシテ國稅地方

税ノ徴收事務ヲ取扱ハシムルトキハ市ハ別ニ吏員ヲ置カス自然收入役ヲシテ該事務ヲ管掌セシムルニ至ルヘシト思考ス

收入役事務所

收入役ノ事務ハ町村長役場ニ於テ之ヲ取扱フヘキカ又ハ自宅ニ於テ取扱フモ妨ケナキヤ

（答）實際ノ便利ニヨリ自宅ニ於テ取扱フモ妨ケナシ

第七十二條（市制）第七十三條（町村制）

市行政事務

市行政事務トハ國ノ委任事務例ヘハ徴兵事務、國税徴收、戸籍調査等モ包含スルノ意ナルヤ

（答）本條ハ第六十條ト照應シ區長及代理者ノ職務權限ヲ定メタルモノナリ而シテ本條ニ所謂市行政ハ市ノ固有事務ノ義ニシテ國ノ委任事務ニアラス若シ市長ニ於テ質問ノ如キ委任事務ヲ他人ニ分掌セシムルヲ要スルトキハ第七十四條第二項ニ依リ市參事會員ヲシテ之ヲ分掌セシムルヲ得ルノミ

機關

町村長ノ機關トナリ　トアリ機關ノ文字ハ從前ノ法律ニ於テ之ヲ見タルコトナシ機關ノ意義ヲ簡畧ニ敎示アレ

（答）機關トナリトハ恰モ手足ノ心ニ於ケルカ如ク市參事會ノ道具トナリテ其指揮スル所ニ從ヒ事務ヲ執ルヲ云フ故ニ區長ハ固有ノ職權ナク純然タル町村長ノ事務補助員ナリ

町村長ノ事務

町村長ノ事務　トハ町村自治行政事務ニシテ第六十九條ノ委任事務ヲ包含セサルヤ

（答）然リ

第七十三條（市制）　第七十四條（町村制）

委員

委員　ハ學務委員衞生委員ノ類ニシテ專ラ其市若クハ町村ノ固有ノ事務ヲ分掌スルモノナルヤ

（答）學務委員衞生委員等ノ如ク常設ノ委員ノミナラス又臨時ニ事實ノ調査

又ハ事務ノ執行ヲ要スルトキモ亦之ヲ設クルモノトス故ニ此法律施行ノ後ハ委員ノ設ケ其數ヲ增加スヘシ

町村長ノ監督

市制第七十三條ニハ市參事會ノ監督ニ屬シトアリ町村制第七十四條ニハ町村長ノ監督ニ屬シノ文字ナシ如何

（答）假令ヒ文字ナキモ委員ハ町村長ノ監督ニ屬スヘキハ論ヲ待タス

事務一部ノ分掌

市行政事務ノ一部ヲ分掌シトハ第六十九條第二項ノ場合ト同シク第六十七條ハ事務ヲ分掌スルヲ云フ」ト某註釋書ニ在リ然ラハ市行政事務トハ市政一切ノ事務ニシテ市ノ固有ト國ノ委任トヲ分タサルモノヲ云フカ

（答）然ラス、此法律中ニ市行政トアルハ總テ市ノ固有事務ノ行政ヲ指シタルモノナリ故ニ教育衞生土木等市ノ行政事務ノ爲メ委員ヲ設クヘキモ國稅徵收等國ノ行政事務ニ關シテハ委員ヲ設クヘキ限リニ在ラス

事務一部ノ分掌

事務ヲ分掌セシムルニハ町村會ノ同意ヲ要スルヤ

委員會議長委員長

(答) 委員ヲ置クハ町村制第六十五條ニ依リ町村會ノ議決ニ出ルヲ以テ其議決ノ際委員擔當ノ事務ハ自ラ定リ居ルヘシ

委員會ノ議長(即チ市長)委員長　ハ議決ニ加ハルノ權アレハ即チ其可否ノ數ニ入ルヲ得ヘシ若シ其可否同數ナルトキハ之ヲ決スルノ方法如何

(答) 委員長若クハ議長即チ會長席ニ在ル者ニ於テ之ヲ決スヘシ

助役ノ委員長タル場合

助役ヲ以テ委員長ト爲ス場合　ニ於テ町村長出席シテ委員長トナルトキ委員長タル助役ハ退席スヘキヤ

(答) 退席スルニ及ハス議席ニ列シテ委員會ニ與カルコトヲ得

第七十四條(市制)　第六十九條(町村制)

警察補助官

警察補助官タルノ職務　トハ何ヲ云フヤ

(答) 治罪法第六十條ニ區長及戸長ニ撿事ノ補佐官トシテ與ヘタル職務ヲ云フ

地方警察ノ事務 トハ現今ノ行政警察ヲ指シタルモノナラント雖モ其他法律命令ニ依テ既ニ區長若クハ戸長ノ管理ニ屬スル警察事務アリヤ

（答）現今ハ地方警察事務ニシテ區長若クハ戸長ニ屬スルモノナシ又本條ハ將來ヲ期シテ規定シタルモノナレハ漸次地方警察事務ノ改正アルニ從ヒテ市町村長ノ管理ニ歸スヘケン夫迄ハ本條但書ニ依リ別ニ官署ノ設ケアリテ地方警察事務ヲ管掌スルコト現今ノ通タルヘシ

別ニ官署ヲ設ケテ地方警察事務ヲ管掌セシムルトキ トハ某註釋書ニ「現今府縣警察分署所在ノ地ノ如ク本職ノ警察官駐在ノ地ニテハ町村長ヲシテ管掌セシメサルノ意」ト解セリ然ラハ將來警察事務ヲ管掌スル町村長ト管掌セサル町村長アルニ至ルヘシ如何

（答）法文ニ管掌セシムルトキトアリテ地トナシ即チ別ニ官署ノ設ケアル間ハ總テ町村長ノ管掌ニ歸セサルノ意ニシテ分署所在ノ町村ノミヲ指シタル

三項中ノ事務
モノニアラス
市長ニ於テ三項中ノ事務ヲ市參事會員ノ一名ニ分掌セシムルニ何故監督官廳ノ許可ヲ要スルヤ
（答）國ノ行政事務ナレハナリ

監督官廳ノ許可
監督官廳トハ郡長府縣知事內務大臣ヲ指シタルモノナルヘシト雖モ若シ租税又ハ徵兵ノ事務ヲ助役ニ分掌セシムルトキハ大藏大臣又ハ陸軍大臣ノ許可ヲモ併セテ受クヘキヤ
（答）主務大臣ノ許可ヲ受クルヲ要セス本條ノ許可ヲ受クルトハ例ヘハ法律ニ町村長ハ何々スヘシト規定シタル事務ヲ郡長ノ許可ヲ得テ助役ニ分掌セシムルノ類ナリ

分掌事務ノ責任者
國ノ行政事務ヲ分掌セシメタルトキハ市長ハ參事會員ト聯帶責任ナルヤ將タ分掌事務ニ付キテハ特リ參事會員ノ責任ナルヤ

分掌事務ノ執行

（答）參事會員特リ其責任ヲ有ス

市參事會員ノ分掌シタル事務ハ第七十二條ニ區長ハ市參事會ノ機關トナリ云々トノ明文ニ依リテ之ヲ區長ニ付シ執行セシムルモ妨ケナキヤ例ヘハ國税ノ徵收ヲ區長ニ執行セシメ參事會之カ指揮ヲナスノ類ナリ

（答）國ノ行政事務ハ區長ヲシテ之ヲ執行セシムルモノニアラサルナリ

浦役場事務

浦役場ノ事務トハ某註釋書ニ「海港ニ於テ船舶物貨ノ輸出入航海等ニ關スル事務ヲ云フ」トアリ然ラハ浦役場ノ事務トハ海關ノ事務ト同様ニシテ頗ル繁雜且緻密ヲ要シ到底町村長如キノ負擔ニ堪ヘサルヘシ如何

（答）浦役場トハ西洋形船海員雇入雇止規則及内國船難破及漂流物取扱規則ニ依リ海員雇入證書ノ授與又ハ難破船救助等ノ事務ヲ取扱フ處ニシテ目今ト雖モ大概ハ海濱村落ノ戶長役場ニテ其事務ヲ兼攝セリ某註釋者ノ云フ如キ事務ニアラス

浦役場ノ事務

市ニ屬スヘキ國、府縣ノ行政

分掌事務ニ報酬ナシ

浦役場事務ノ町村長ノ管掌ニ歸シタル上ハ現今地方稅ヨリ支出スル浦役場及難破船諸費ハ町村ノ負擔ニ移ルヘキヤ

（答）難破船費ハ皆町村ニ移ルニアラス町村長カ事務執行ニ關スルモノハ町村ニ移ルヘシト雖モ明治八年第六十六號布告內國船難破及漂流物取扱規則第十二條ニ揭クル費目中第四第五ノ如キハ地方稅ノ支辨ニ屬スヘシ

國ノ行政並府縣ノ行政ニシテ市ニ屬スヘキ事務ノ重ナルモノハ何ナルヤ

（答）國稅府縣稅ノ徵收、徵兵及戶籍調查等ノ事務ナルヘシ

三項中ノ事務ヲ助役ニ於テ分掌シタルトキ第五十五條第二項ニ行政事務ノ一部ヲ分掌スル場合云々ノ明文ニ依リ報酬ヲ受クヘキノ權アリヤ

（答）第五十五條第二項ハ町村行政事務分掌ノ場合ヲ指シタルモノナレハ本條ノ如キ國ノ行政事務分掌ノ場合ニ之ヲ適用スルヲ得ス故ニ助役ハ報酬ヲ

受クルコトヲ得サルモノトス

事務分掌ニ市會ノ同意ヲ要セス

國ノ行政事務ハ監督官廳ノ許可ヲ得テ市參事會員ノ一名ニ分掌セシムルヲ以テ第六十九條ニ依リ市會ノ同意ヲ得ルニ及ハサルヤ

(答) 市ノ行政事務ニアラサレハ同意ヲ得ルノ必要ナシ

第三欵

第七十五條 (市制、町村制)

實費

職務取扱上要スル實費トハ役場費ノ類ヲ云フカ

(答) 然ラス職務ノ爲メ旅行スルトキノ車馬賃宿泊料辨當料ノ類ナリ

實費額ノ議決

實費辨償額ハ町村會之ヲ議決ストアリ町村長等ニ於テ實費仕拂後其金員ヲ要求スルニ町村會ニ於テ之ヲ議決スルノ要ナキカ如シ或ハ議決ストハ實費要求額ノ當否ヲ定ムルノ意ナルヤ

(答) 本條ノ實費トハ實費拂ノ謂ニアラス町村會ニ於テ豫メ一里ノ車馬賃若

干錢ト概算ヲ定メ置キ之ヲ町村長等ニ交付スルモノナリ實際使用上ノ過不足ハ町村會ノ與リ知ル所ニアラス

實費辨償ヲ受クルノ權

實費ノ辨償ヲ受クルコトヲ得トアリ然ラハ之ヲ要求スルノ權利アリヤ

（答）然リ、町村吏員ハ實費辨償ニ關シ異議アルトキハ第七十八條ノ規定ニ從ヒ訴願及出訴ヲ爲スコトヲ得ヘシ

第七十六條〔市制、町村制〕

給料額

市長及助役ノ給料額ニ付監督官廳ノ干渉ヲ要スルハ何等ノ要用アリヤ

（答）理由書ニモ其職重ケレハ從テ其給料ニ關シテ官廳ノ干渉ヲ要スルコト多シトストアルカ如ク其給料ノ多寡ハ其器ヲ得ルト否トニ關係アリ從テ一國ノ政務ニ利害ヲ及ホスニ至ルヘシ故ニ市長ノ給料額ニハ內務大臣干渉シ

助役ノ給料額ニハ府縣知事ノ干涉スルハ亦止ムヲ得サルニ出ルモノナリト云フ

給料額

市長助役其他有給吏員ノ給料額ヲ市條例ヲ以テ規定セサル市ニ於テハ市長又ハ助役ノ給料ヲ定ムル每ニ內務大臣又ハ府縣知事ノ許可ヲ受ケサルヘカラス甚煩雜ナルカ如シ法律ノ精神ハ果シテ然ルヤ

（答）然リ、煩雜ナルモ監督上之ヲ必要トス

給料額ノ規定

市ニ在テハ吏員ノ給料額ハ市條例ヲ以テ之ヲ規定シ置クヲ得ルノ便法ヲ許シ町村ニ之ヲ許スノ明文ナキハ町村ハ市ニ比スレハ役員少キヲ以テ左ノミ面倒ナキヲ以テノ故ナルヤ

（答）町村長及助役ハ市長及助役ト異ニシテ無給ヲ通例トスレハ町村條例ニ其給料額ヲ定ムルノ必要ナシ其他書記以下ニ關シテハ其人物ニ應シ其時ニ町村會ニ於テ其給料ヲ定ムルヲ却テ利便トスルニ由ル

給料額ノ確定

給料額ノ許可ス可カラスト認ムルトキハ郡參事會ノ議決ニ付シテ之ヲ確定ス　トアルヲ解シテ貴社正解ニハ郡參事會ノ集議ニ付シテ之ヲ確定シ町村會ヲシテ之ヲ遵奉セシム云々トアリ然ラハ確定トハ再ヒ町村會ノ議決ニ付セサルノ精神ナルヤ

（答）然リ郡長ニ於テ專斷ヲ行ハス郡參事會ノ集議ニ依リテ決定スル以上ハ町村會ヲシテ再議セシムルノ必要ナシ

給料額ノ確定

郡參事會ノ議決シタル給料額　ハ郡長異議アルモ之ヲ遵奉セサルヘカラサルヤ

（答）郡參事會ニ於テ斷定シタル上ハ之ヲ遵奉スヘシ

第七十七條　（市制、町村制）

退隱料

有給吏員ノ退隱料　ハ何故市町村條例ヲ以テ之ヲ定メ官吏ノ恩給令ヲ適用スルヲ得サルヤ

（答）市町村ノ職務ハ普通ノ官吏ト異ニシテ昇等増給ノ途ナク又任期滿限ノ後ハ再選若クハ再任ヲ受クルニアラサレハ其職ニ在ルヲ得ス故ニ退隱料ノ設ケナキトキハ人情ノ自然市町村ノ公益ヲ後ニシ私益ヲ先ニスルノ虞ナシトセス且退隱料額ハ普通ノ官吏ヨリ多カランコトヲ要セリ是ヲ以テ市町村吏員ニハ官吏ノ恩給令ヲ適用スルヲ得ス

退隱料

退隱料ノ額ニ制限ナキヤ

（答）法律上制限ナキモ其標準ハ上級監督官廳ヨリ之ヲ示サルヘキモノト考フ然ラサレハ各町村區々ニシテ條例規定上ニ差支ヲ生スヘシ

第七十八條〔市制、町村制〕

關係者

關係者トハ給料等ヲ受クヘキ吏員ヲ云フヤ

（答）本人ハ勿論其妻子若クハ相續人ヲモ包含ス

給與ニ關スル異議

給與ニ關スル異議ノ訴願ハ結局内務大臣ニ提出スヘキモノニシテ行

政裁判所ニ出訴スヘキモノニアラサルカ如シ如何
(答) 否、給與ヲ受クルハ即チ權利ナルヲ以テ行政裁判所ニ出訴ヲ許スヲ至當トス

第七十九條 (市制、町村制)

公共ノ組合

公共ノ組合トハ水利土工組合、會社銀行等ヲ云フヤ
(答) 公共組合トハ公共ノ利益ヲ目的トスルモノ即水利土功、宗教組合等ヲ云フト雖モ一個ノ營利ヲ目的トシテ設立シタル會社銀行等ハ之ニ包含セス

退隱料ノ再受

更ニ退隱料ヲ受クルノ權ヲ得ルトキハ其額舊退隱料ト同額以上ナルトキハ舊退隱料ハ之ヲ廢止ス　トアリテ其趣旨トスル所ハ退隱料ヲ重複ニ給セス且自治體ノ負擔ヲ輕減セントスルモノナラン然レ圧若シ退隱料百圓ヲ受クルノ權ヲ有スル舊市長アリ更ニ公共組合ノ頭取ノ任ヲ了ヘ其退隱料九十九圓ヲ受クルノ權ヲ得ルトキハ兩個ノ退隱料百九十九圓

ヲ得ヘキモ今一圓ヲ增シテ百圓ヲ受クルトキハ舊退隱料ヲ廢止スルヲ以テ只百圓ヲ受クルヲ得ルノミ此間ノ等差甚タ均衡ヲ得サルカ如シ法律ノ精神モ亦此ニ在リヤ

(答) 然リ、支給上ニ稍均衡ヲ得サルハ亦已ムヲ得サルコトナリ

第四章　第一欵

第八十一條〔市制、町村制〕

臨時ニ收入シタル金穀トハ寄附金穀等ヲ云フナルヘシ某註釋書ニ「相續人ナキ遺留財產ハ佛國ニ於テハ國ノ私有ニ屬スト雖モ我邦ニテハ此種ノ財產ハ其市町村ノ有ニ歸セシメタシ」トアリ甚穩當ナリト覺フ如何

(答) 甚穩當ノ考按ト信ス

臨時ノ費用ヲ要シ町村有山林田畠ヲ賣却シ收入シタル金額ハ基本財產ニ加入セス直ニ使用セサルヘカラス如何

（答）第百二十七條第二ニ依リ郡參事會ノ許可ヲ受ケ基本財產中ノ山林田畠ヲ賣却シタル代金ハ之ヲ基本財產ニ加入スルヲ要セス直ニ目的ノ費用ニ充ツヘキモノトス

臨時收入

臨時ノ收入ヲ必ス基本財產トナサヽルヘカラサルノ理由アリヤ

（答）平常ノ經費ハ市町村稅其他ノ收入ヲ以テ支辨スル豫算アルヲ以テ臨時ニ收入シタル寄附金ノ如キハ之ヲ基本財產ニ加入シ以テ市町村ノ基本ヲ鞏固ナラシムルノ旨趣ナリ但目的ヲ定メ寄附シタル金穀ハ他ニ之ヲ使用シ寄附者ノ目的ニ反スヘカラス

臨時收入

臨時ニ收入シタル金穀トアレハ必要ノ爲メ豫算外臨時ニ借入タル金穀モ亦臨時ノ收入ニ外ナラサレハ基本財產トナサヽルヲ得サルカ如シ如何

（答）臨時ノ收入トハ目的外ノ收入ト云フカ如シ例ヘハ共有山林家屋土地ヲ賣却シタル金額ノ類ニシテ借入金ノ如キ使用ノ目的ノ定マリタルモノハ此

基本財産

中ニ包含セス

基本財産中ニハ現今學區ノ所有ニ屬スル學校敷地家屋等ヲ包含スルヤ

（答）勿論ナリ、其數町村ニ於テ一學區ヲ組織スルモノハ此制度實施後學區內共有財産ノ分配處分ヲ必要トスヘシ

基本財産

基本財産ハ賣却又ハ支消スルヲ得サルヤ

（答）漫ニ賣却又ハ支消スルヲ得ス然レトモ已ムヲ得サル場合ニ於テハ市ハ府縣參事會ノ許可（市制第百二十三條第二）町村ハ郡參事會ノ許可（町村制第百二十七條第二）ヲ受ケ處分ヲナスコトヲ得ヘシ

第八十二條（市制、町村制）

民法上權利

民法上ノ權利ヲ有スル者トハ何ヲ指スヤ

（答）本條ハ第六條ト對照シテ見レハ法意自ラ明瞭ナルヘシ第六條ハ住民ノ權利上ヨリ財産ノ共用ヲ說キ本條ハ財産ノ性質上ヨリ共用ノ權利ヲ說キタ

ルモノニシテ茲ニ民法上ノ權利ヲ記スルハ公法上ノ權利即チ住民共用ノ權利ヨリ區別センカ爲メナリ元來町村共有ノ病院ノ如キ町村住民共同シテ使用スヘキナレ𪜈若シ民法上ノ契約ニテ一醫師ニ貸渡シタルトキハ其契約期限内ハ町村住民ニ於テ共用スルノ權利ナキノ類ナリ

民法上權利

民法上ノ權利 トハ所有權マテヲモ包含スルヤ

（答）本條ニアル民法上ノ權利トハ使用權又ハ收益權ノミヲ云ヒ所有權ハ包含セス

第八十三條 〔市制、町村制〕

町村住民中

町村住民中 トアレハ一部落又ハ組合ニテ舊來使用ノ權利ヲ有スルモノハ町村會ノ議決ヲ經ルヲ要セサルヤ

（答）住民中トハ人員ノ多少ニ關係ナキヲ以テ一部落ノ人口百人ナレハ百人ノ住民中ニテ使用ノ舊慣ヲ有スルナリ故ニ其舊慣ヲ改ムルニハ亦本條ノ規

定ニ從フヘシ

物件使用ノ權利

物件ヲ使用スル權利 ト第八十二條但書民法上ノ權利ト異ナルヤ

(答) 異ナリ、本條ハ元來舊慣ニテ共用秣場ノ生草ヲ芟取ル者等カ遽ニ不利ヲ蒙ランコトヲ慮リテ規定シタルモノナレハ本條ニ所謂使用ノ權利トハ民法上ノ契約ニテ得タル使用權ニアラス本條ノ精神ハ萬已ムヲ得サルニアラスンハ舊慣ヲ改メサルニアリ

第八十四條 〔市制、町村制〕

使用權ノ許可

土地物件ノ使用權 ヲ許可スルハ何人ナルヤ

(答) 市町村會ナリ

使用權

市條例ノ規定ニ依リ使用料ヲ納メ土地物件ノ使用權 ヲ得タルトキハ即チ民法上ノ權利ト云ハサルヲ得ス何故ニ本條但書ニ民法上使用ノ權利云々ト掲クルノ必要アルヤ

使用權ノ許可

（答）本條及第八十三條ハ其市町村ノ住民ニ限リ使用スル塲合ヲ示シタルモノニシテ第八十二條ニ明文アル如ク市町村ノ住民總体ニテ共用スヘキ財産ヲ特別ニ一箇人若クハ數箇人ニテ使用セントスルトキハ之ニ對スル報酬金ヲ出サシムル規定ナリ彼ノ民法上ノ契約ヲ以テ年限ヲ定メ使用權ヲ付與スルニハ其市町村ノ住民タルト否トヲ問ハサレ𪜈本條ノ塲合ニ於テハ必ス其市町村ノ住民タラサルヘカラスト規定セラレタルハ民法上ノ權利ニアラサルヲ以テノ故ナリ

町村有土地物件ノ使用ニ關シ町村條例ニ規定ナキトキハ町村會ノ議決ヲ以テ使用ヲ許可スルヲ得ヘキヤ

（答）町村會ハ第六十六條ニ依リ使用權ヲ取上ルノ權アレハ條例ニ規定ナキ塲合ニハ使用ノ許否ヲ議決スルノ權アルヘシ

第八十五條　〔市制、町村制〕

必要ナル費用

必要ナル費用　トハ修繕費及税金等ノ外改良即チ土地物件ノ價直ヲ增加スヘキ費用ヲモ併稱スルモノナルヤ

（答）土地物件ヲ保持スルニ必要ノ費用ノ外改良費ノ如キハ使用者ノ負擔ニ屬セサルヘシ

第八十六條（市制、町村制）

必要ナル場合

必要ナル場合　ノ程度如何

（答）必要ナル場合トハ全ク事實ノ問題ニ屬スルヲ以テ一定ノ程度ヲ示シ難ク其市町村會ノ議定ニ任スノ外ナシ

本條ノ規定必要ノ理由

本條ノ規定ハ全ク無用ナラン　トス某註釋書ニ掲ケ其理由トスル所ニ依レハ習慣ニ依リ得タル使用權ヲ改廢スヘキコトハ第八十三條ニ規定アリ又將來新ニ與フル所ノ使用權ニ付テハ市條例ノ規定ニ依ルヘキモノナルヲ以テ其條例中ニハ必ス使用權ノ消長ニ關スルコトモ亦規定セラルヘキニ拘ハラ

ス本條ニ第八十三條第八十四條使用權ノ規定アルハ重複ノ嫌アリト云ヘリ果シテ本條ハ重複シタルモノナルヤ

（答）本條ト第八十三條第八十四條トハ同一ノ使用權ニ關スルモノナリト雖モ第八十三條第八十四條ハ專ラ住民ノ權利ニ付テ規定シ本條ハ專ラ市會ノ權利ニ付テ規定シタルモノナレハ重複ト云フヲ得ス

第八十七條（市制、町村制）

物品調達

物品調達トハ用達商人ノコトナルヤ

（答）然リ、所要物品ノ代價ヲ定メテ役所ニ調達ヲナス請負ナリ

得失相償ハス

入札ノ價額其費用ニ比シテ得失相償ハサルトキハ公ケノ入札ニ付スルニ及ハサルノ成規ナリ之カ極端ヲ云ヘハ價額ノ少ナキ賣買ハ總テ市町村吏員ノ所爲ニ放任シ妨ケナキニ似タリ如何

（答）市町村行政吏員モ亦其市町村ノ選ニ出ツレハ專橫ニ渉ルノ恐ナシ又本

得失相償ハス

臨時急施

條ニ公ケノ入札ニ付スヘシト定メタルハ當局者ノ公平ヲ保ツニ要用ナルハ勿論ナレ𪜈又價額ノ平當ヲ得ンカ爲ニモ要用ナリ

入札ノ價額其費用ニ比シテ得失相償ハサルトキ　トハ公ケノ入札法ヲ施行シタルモ其落札タルヘキ投票ノ價額ハ町村ノ支出若クハ收入スヘキ金額ヲ償ハサルトキハ本條規定ノ限リニアラスト某註釋書ニアリ然ラハ得失相償ハストハ市町村ニテ所要ノ金額ト落札價格ト符合セサル塲合ヲ指シタルモノヽ如シ如何

（答）入札ノ價額其費用ニ比シテ得失相償ハサルトキハ入札ヲナスニ付テハ必ス若干ノ費用ヲ要ス而シテ其入札ニ付スル物件ノ價額僅少ナルトキハ結局入費損トナリ何ノ效ナキヲ以テ之ヲ入札ニ付セサルノミ決シテ所要ノ金額ニ充タサルトキ入札ニ付セサルノ趣旨ニアラサルナリ

臨時急施ヲ要スルトキ　トハ天災事變ノ塲合ヲ云フヤ

（答）然リ、天災事變ノ爲メ橋梁ノ流失又ハ堤防ノ破壞シタルトキ其架橋築堤ニ公ケノ入札法ヲ用ヒルノ猶豫ナキ場合ヲ云フ

第八十七條［市制、町村制］

必要ノ支出

必要ナル支出トハ何々ノ費用ヲ云フヤ

（答）必要ナル支出トハ國ノ委任事務ニ係ルト市町村ノ固有事務ニ係ルトヲ問ハス市町村ノ行政ヲ執行スルニ必要ノ費用ヲ總稱スルモノナレハ其種目ハ之ヲ例擧シ難シ畢竟必要ノ支出トハ已ムヲ得サル事務ニ屬スル費用ニシテ隨意支出ノ反對ト知ルヘシ

必要ノ支出

必要ノ支出ト否トハ現今ノ區町村費目ノ如ク監督官廳ニ於テ一定ノ標準ヲ定メラルヘキヤ

（答）必要ト否トハ事實ヨリ生ス例ヘハ甲市ニ於テ技師ヲ三年間ノ契約ニ於テ聘用シタルトキ其雇期間技師ニ給スル俸金ハ其市ノ必要支出ナルヘキモ

乙村ニ於テ隨意僱雇ノ契約ニテ技師ヲ聘用シタルトキハ其給料ハ其村ノ必要支出ニアラサルノ類ナリ故ニ必要ト否トノ標準ハ之ヲ定メ得ヘキモノニアラス

第八十九條 （市制、町村制）

所有物

所有物及營造物 ト本條ニアリ又第六條ニハ公共ノ營造物幷市有財產トアリ其所有物ト云ヒ財產ト云ヘル字義ニ異ナル所アリヤ

（答） 所有物營造物ト云フモ之ヲ汎稱スルトキハ財產ナリ故ニ字義ニ於テ異ナルコトナシ

數個人

特ニ數個人 トハ市ノ內外ヲ問ハサルノ意ナルヤ

（答） 本條ノ數個人トハ其市住民中ノ一人又ハ數人ヲ指シタルモノニシテ之カ爲ニスル事業トハ例ヘハ市塲ヲ開キ又ハ橋梁ヲ架シ其利益ヲ蒙ル者ヨリ使用料ヲ出サシムルノ類ナリ

國稅府縣稅

直稅ノ附加稅

附加稅

第九十條（市制、町村制）

國稅府縣稅トハ直接間接ノ別ナク總テノ稅ヲ指シタルモノナルヤ

（答）然リ

直接ノ國稅又ハ府縣稅ニ附加シトアリ府縣稅ハ直接間接ヲ問ハサルノ法意ナルヤ

（答）然ラス、直接ノ府縣稅ノ意ナリ直接ノ字ハ國稅府縣稅ニ通スル冠詞ナリ

國稅府縣稅ノ附加稅ヲ賦課スルトキハ現行區町村費賦課ノ方法ト異ナルヘキヤ

（答）現今ノ區町村費中地價割家屋割ノ如キハ國稅府縣稅ノ附加稅ニ當ルト雖モ物件ヲ標準トシテ賦課スル反別割アリテ其課稅法區一ナルヲ得ス然ルニ新法ニ於テハ總テ國稅府縣稅額ヲ基トシ均一ノ稅率ヲ定メテ市町村稅ヲ徵收ス是レ新舊稅法ノ異ナル所ナリ

特別税　町村全部　間接國税ノ附加税　均一ノ税率

特別税トハ如何

(答)市町村限リニ徴收スルモノニシテ三百圓以下ノ所得ニ所得税ヲ賦シ又ハ其地限リニ物產税ヲ課スルノ類ナリ

町村ノ全部ヨリトハ町村ノ總住民ヨリトノ意ナルヤ

(答)町村ノ住民タルト否トヲ問ハス國税府縣税ノ納税者總体ヨリノ義ナリ

間接國税ニハ附加税ヲ賦課スルヲ得サルヤ

(答)間接國税ニ市町村税ヲ附加セントスルトキハ第百二十六條ニ依リ内務大藏兩大臣ノ許可ヲ受ケサルヘカラス

均一ノ税率ニ依リ徴收スルヲ不利トナス場合例ヘハ町村會ノ議決ニテ貧窮者ノ家屋税ニ附加税ヲ賦課セサルトキハ如何處分スヘキヤ

(答)均一ノ税率ヲ以テ徴收スルトハ徴税ノ原則ヲ示シタルモノニシテ此原則ニ依リ難キモノハ第百二十七條ニ依リ郡參事會ノ許可ヲ受クルヲ要ス

第九十一條〔市制、町村制〕

細則

町村條例ヲ以テ規定スル細則トハ如何ナルモノナルヤ

（答）例ヘハ使用料等ノ完納期限ヲ過キ完納セサル者アリ之ニ對シテ督促スルトキハ其手數料若干錢ヲ徵シ又稅金ノ逋脫ヲ謀リタル者アルトキハ科料若干錢ニ處スルノ規則ヲ設クルノ類ナリ

從前ノ區町村費

從前ノ區町村費ニ關スル細則ハ此法律ニ必要ナキカ如シ如何

（答）否、此法律施行ノ際市町村ノ費用ニ充ツル金額ハ現今ノ賦課々目即チ地價割反別割營業割戶別割等ニヨリ徵收セサルヘカラス故ニ其徵收ニ關スル細則ハ町村制實施ノ際ニハ必要ナリ

科料

科料ニ處スルハ元來司法裁判權ニ屬スヘキモノナリ本制ニテハ何故市參事會又ハ町村長ヲシテ之ヲ處分セシムルヤ

（答）科料ヲ宣告シ及科料金ヲ徵收スルヲ市參事會及町村長ノ職務トナシ、

ハ一ノ便宜法ニシテ猶ホ普通違警罪ノ犯者ハ違警罪裁判所ニ於テ判決スヘキモノナルモ便宜ノ爲メ即決例ナル法律アリテ警部ニテ判決セシムルカ如シ故ニ市參事會及町村長ノ處分ニ不服アル者ハ本條第二項ニ規定スル期限內ニ違警罪裁判所ニ出訴スルヲ得ヘシ

科料執行ノ停止

第二項ノ處分ニ不服アル者司法裁判所ニ出訴シタルトキ市參事會及町村長ハ其裁判確定マテ處分ノ執行ヲ停止スヘキヤ

（答）然リ、停止スヘシ

令狀

令狀トハ如何ナルモノナルヤ

（答）言渡書若クハ科料徵收令狀ヲ云フ

第九十二條　〔市制、町村制〕

滯在

滯在トハ某註釋書ニ旅宿ニ宿泊スルノ謂ニアラス一戶自炊ノモノヲ謂フトアリ然ラハ下宿屋ニ滯在シ商業ヲ營ム者ハ納稅義務ヲ免ルヽヤ

(答) 然ラス滞在トハ其町村内ニ羈寓スルノ謂ナレハ一戸ヲ搆ヘサルモ納税義務ヲ免レス

三ケ月以上ノ滞在

三ヶ月以上滞在スル者ハ下宿屋ニ下宿スル書生若クハ僕婢ノ如キト雖モ課税ヲ爲スヘキヤ

(答) 若シ市町村ニテ分頭税ノ類ヲ起ストキハ課税スヘシ

滞在ノ初ニ遡ル徴收

滞在ノ初ニ遡リ徴收スヘシトアリ税金ヲ徴收スルハ滞在ノ月ヨリヤ又ハ滞在ヲ初メシ月ノ翌月ヨリヤ

(答) 滞在ノ翌月ヨリナリ例ヘハ一月ヨリ滞在ヲ初メ四月ニ亘ルトキハ二月分ヨリ徴税セラルヘシ

第九十三條 〔市制町村制〕

官有土地家屋

官有ノ土地家屋ハ本條ニ依リ納税セサルヘカラサルヤ

(答) 本條ハ專ラ他町村ノ人民ニシテ其町村内ニ土地家屋ヲ所有シ營業ヲ爲

ス者ニ對シテ規定シタルモノナレハ官有物件ニ關係ナシ又官有地及家屋ニ課稅スルヲ得サルハ第九十七條ニ明文アリ

郵便電信鐵道

郵便電信及官設鐵道ニ限リ課稅セサルノ理由如何

（答）郵便等ハ其性質ヨリ言ハヽ一種ノ營業タリト雖モ元來公益ノ爲メ官ニ於テ建設管理スルモノナレハ課稅外ノモノト定メラル

官設營業

官有鑛山大阪造幣局東京印刷局千住製絨所ノ如キ營利事業ハ町村稅賦課ノ範圍內ナリヤ

（答）但書ニ販除ケノ明文ナキ上ハ課稅內ノモノト思考ス

官有土地

官有ノ土地ニ課稅セサルヲ原則トナストキハ官用地ノ多キ町村ハ道路修繕費等ノ負擔ニ苦ムヘシ如何

（答）實際負擔過重ノ町村ニ對シテハ其官廳ヨリ補助若クハ手當トシテ相當ノ金額ヲ交付スルヲ至當トス英國ニ於テ國庫ヨリ地方稅ニ補助ヲナスハ即

チ官有地ニ對スル課税ニ代用スルモノナリ但本邦ニテ公共ノ用ニ供スル官有地ノ多キカ爲メ町村ノ負擔ニ苦シムカ如キコトハ實際稀ナルヘシ

所得税ノ附加税

第九十四條 〔市制、町村制〕

所得税ニ附加税ヲ賦課スルトキ國税タル所得税ヲ算出スルニ前以テ附加税ヲ扣除スヘキヤ例ヘハ一年ノ所得金四百圓ナルモ所得税法第二條第二ニ區町村費云々ヲ除キタルモノヲ所得トストアルニヨリ此中ヨリ市町村費タル附加税二圓ヲ扣除シ純所得金三百八十圓ニ國税ヲ賦課スヘキヤ

（答）所得税法第二條ニ明文アル以上ハ附加税ヲ其所得原額ヨリ扣除セサルヘカラサルカ如シト雖モ附加税タル原則ニ背クノ嫌アリ又所得税法制定ノトキハ此法律ニ云フ附加税ノ如キ税目ナキヲ以テ立法ノ精神ヨリ言ハヽ附加税ハ其所得原額ヨリ扣除スヘキモノニアラサルヘシ故ニ實際課税スルトキハ必スヤ法文ノ解釋區々ニ出ツヘキヲ以テ豫メ主務省ヨリ此點ニ對シテ

公ケナル訓示若クハ解釋ヲ與ヘラルヽヲ必要ト考フ

店舗ヲ定メサル行商ヲ除ク　トアリ行商ニシテ店舗ヲ定ムルモノアリヤ

（答）行商ノ傍一定ノ店舗ヲ定メ營業ヲナス者アリ

第九十五條〔市制、町村制〕

所得ヲ各市町村ニ平分　ストアレハ現行ノ所得税法ノ各地方ニ散在スル財産ヨリ生スル利益ヲ悉皆戸主居住地ニ取纒メ計算スルモノトハ全ク反對ノ收税法ナリ其理由如何

（答）各市町村ニ平分スヘキハ公債證書等ノ利子ノ如キ所得税法第二條第一項ニ掲クル諸收入ハ甲乙兩居住地内何レニ屬スル所得ト定ムルハ實際困難ナルヲ以テ此法律ニ於テ之ヲ平分スルコトヽナシ不公平ナキヲ期セリ又所得税法ニ於テ各地方ニ散在スルモノヽモ之ヲ戸主居住地ニ取纒メ計算スヘキ

ニ定メアルハ其稅金ヲ收納スルハ國庫ノ一個所ナルヲ以テナリ然レトモ市町村ノ課稅ニ至テハ其收納金庫ヲ異ニスルヲ以テ國稅徵收ノ例ニ倣フヲ得ス

所得ノ計査法

數市町村ニ住居ヲ構フル者ノ所得稅ニ附加稅ヲ賦課スルトキハ國稅額ニ依リ賦課スルヲ得サルヲ以テ更ニ各市町村別ニ其所得ヲ調査スヘキヤ

（答）土地家屋又ハ營業ヨリ收入スル所得ハ其所在ノ市町村ニ於テ課稅權ヲ有シ又公債利子等ヨリ生スル所得ハ各市町村ニ平分計査スヘキヲ以テ國稅額ニ依リ賦課スルヲ得サルヘシ

附加稅賦課法

所得稅ニ附加稅ヲ賦課スルニ國稅ト賦課法ヲ異ニスル理由如何

（答）各市町村ニ於テ其納稅者ノ國稅額ヲ目的トシテ附加稅ヲ賦課スルトキハ重複ニ課稅スルノ弊ヲ生スヘキヲ以テナリ

所得稅免除

第九十六條（市制、町村制）

納稅者ノ國ニ對スル關係ト市町村ニ對スル關係トハ自ラ異ナルヘキヲ以テ納稅免除ノ割合ニモ等差アルヲ至當ト考フ如何

（答）國稅ヲ免除スル上ハ市町村稅ヲ免除シ差等ヲ付セサルヲ以テ當然ナリトス

私有土地家屋

第九十七條（市制、町村制）

直接ノ公用ニ供スル土地家屋ニシテ一個人ノ所有ニ屬スルモノハ町村稅ヲ免除セサルヤ

（答）然リ

直接ノ公用

直接ノ公用トハ如何

（答）直接ニ其物件ヲ公衆ノ使用ニ供シ又ハ公衆ノ爲メ使用スルヲ云フ例ヘハ土地ヲ公園トナシ建造物ヲ會議堂トナスノ類ナリ

公立

公立中ニハ府縣立及市町村立ヲ包含スルヤ

（答）然リ

政府ノ用地

官有ノ山林又ハ荒蕪地ハ町村税ヲ免除ストアリ然ラハ政府ノ所用地ニシテ現ニ使用セサルモノハ課税セラルヘキヤ

（答）然リ

新開地等ノ免税

新開地及開墾地ノ免税期限ハ現行地租條例中鍬下年期ニ拘ラス別ニ之ヲ規定スルヲ得ヘキヤ

（答）國税ノ免税年期ニ關係ナキモノトス

第九十八條 〔市制、町村制〕

免税ハ法律勅令ニ從フ

市税ヲ免除スヘキモノハ別段ノ法律勅令ニ定ムル處ニ從フトアリ是ハ將來ヲ期シテ豫定セラレタルモノナルヤ

（答）然ラス市税ハ第九十六條第九十七條ニ明文アルモノヲ除クノ外法律勅

令ヲ以テスルニアラサレハ妄リニ免除スヘカラサルコトヲ示シタルモノナリ本條ノ精神ハ法律勅令ノ文字ニ在リ

現行ノ例

現今ノ例ニ依ル　トアレハ從來課税セサル處ニハ課税セス又課税セシ處ニハ依然課税スヘク同一種ノ地所ニシテ課税ノ區々ニ出ルモ妨ケナキヤ如何

（答）追テ一定ノ賦課法ヲ設ケラルヽ迄ハ課税ノ區々ニ出ルハ致シ方ナシ

從來ノ免税物件

從來官省ノ布達達ヲ以テ地方税ヲ免除セシ物件　ト雖モ此法律ニ明文ナク又ハ將來法律勅令ヲ以テ規定セラレサル上ハ總テ課税スルヲ得ヘキヤ

（答）然リ

第九十九條〔市制町村制〕

數個人ニ於テ使用スル

數個人ニ於テ專ラ使用スル所ノ營造物　トハ如何

營造物

（答）市町村ノ所有ニ屬スル營造物ヲ市町村人民全体ニテ使用セス數個人ニテ專ラ使用スルモノヲ云フ

市內ノ一區ニテ使用スル營造物

市內ノ一區ニ於テ專ラ使用スル營造物 トハ如何

（答）市制第六十條ニ依リ設ケタル區ニ於テ其市ノ所有ノ營造物ヲ專ラ使用スル場合ヲ云フ例ヘハ東京十五區ヲ合シテ一ノ東京市トナシタル後ト雖モ舊區內ニ於テ專ラ使用ヲ要スル營造物アルトキハ其區內ノ人民ニテ費用ヲ負擔スルノ類ナリ

町村ノ一部

町村ノ一部 トハ如何

（答）舊來別ニ町村ヲ成シタルモノ自治體ヲ組織スルノ必要アリテ他町村ト合併シタルモノヽ如キ其舊町村部內ニ於テ專ラ使用スル營造物アルトキノ場合ヲ云フ

第百條 〔市制、町村制〕

納税義務

納税義務ノ起ル　トハ市町村ニ住居ヲ定メ營業ヲ創メ又ハ土地ヲ買入レ家屋ヲ築造シタル等ノ爲メニ市町村税ヲ負擔スルコトヽナリタルトキヲ云フヤ

（答）然リ

納税義務ノ變更

會計年度中ニ納税義務ノ變更シ其税額ノ增加シタル者　屆出ヲナサヽルトキハ之ヲ不問ニ付シ置クヘキヤ如何

（答）假令ヒ其義務者ヨリ屆出ナシト雖モ税金ヲ追徵スルヲ得ルノミナラス其屆出ヲ怠リタル廉ニ對シ科料ニ處スヘキモノトス第九十一條ノ條例ハ此等ノ處分法ヲ規定スヘキモノナリ

納税義務ノ變更

納税義務ノ變更スルトキ　トハ減少シタル場合例ヘハ是迄五百圓ノ所得アリシ者ノ所得減シテ三百圓トナリタルノ類ヲ指シタルモノナルヤ

（答）變更トハ減少ノトキノミニアラサレトモ本項ノ末段ニ從前ノ税ヲ徵收

スルコトヲ得トアルニ依テ見レハ重モニ税額減少ノ場合ヲ指シタルモノナルヘシ

第百一條　（市制、町村制）

公共ノ事業

公共ノ事業ニシテ夫役及現品ヲ要スルハ如何ナル場合ナルヤ

（答）道路、河溝、堤塘、學校、病院等ノ築造修繕ノ場合ニハ夫役及現品ヲ要スルコト多カルヘシ

公共ノ安寧

公共ノ安寧トハ如何

（答）水火災等ノ防止又ハ戰亂事變ニ際シ其町村ヲ防護スル等ノ場合ヲ云フ

學藝美術ノ勞役

學藝美術等ノ勞役ハ何故之ヲ賦課スルヲ得サルヤ

（答）學術美術等ノ勞役ハ其專門家ニアラサレハ假令ヒ之ヲ賦課セラル丶モ之ニ應スルコト能ハサルト又此種ノ勞役ハ夫役ノ如ク均一ノ税率ニ依リ賦課シ得ヘキモノニアラサレハナリ

学芸美術ノ労役

学芸美術手工等ヲ賦課スルヲ得スト雖モ此等伎倆アル者其長伎ヲ以テ町村ニ尽サントスルトキハ之ヲ許容スルモ妨ケナキヤ

（答）然リ

夫役ノ怠納

夫役現品ノ怠納者ニ係ル処分法ハ如何

（答）金額ニ算出シテ之ヲ徴収シ仍ホ完納セサルトキハ第百二條ニ依リ処分スヘシ

第百二條　〔市制、町村制〕

其他ノ収入

其他市ノ収入トハ第四十八條第六十四條第二項第五ノ過怠金及第九十一條ノ科料ヲモ包含スルヤ

（答）然リ総テ市ニ対スル収入ヲ云フ

過怠金科料

過怠金又ハ科料ヲ納メサル者ハ亦国税滞納処分法ニ依リ之ヲ徴収スヘキヤ

（答）然リ

過怠金

過怠金ヲ怠納シタル者ハ更ニ重キ懲戒ニ處シ國税滯納處分法ニ依リ徴收スルノ限リニ非スト某註釋書ニ在リ果メ然ラハ本條第一項ノ明文ニ違ヘリ如何

（答）滯納處分法ニ依リ徴收スヘシ

科料

科料ヲ怠納シタル者ハ刑法第三十條ニ依リ拘留ニ處セサルヘカラス然ラハ自治體ニ體罰ヲ施スノ權アリヤ

（答）本制ノ科料ハ刑法ノ科料ト稍異ナレハ其怠納者ハ本條第一項ニ依リテ處分シ拘留ニ處スルヲ得ス

土地使用者ノ怠納税

土地使用者ニ於テ土地ニ賦課シタル町村税ヲ怠納シタルトキハ國税滯納處分法ニ依リ其土地ヲ公賣スルヲ得ヘキヤ

（答）公賣スルヲ得ス現今ニテハ明治十年第七十九號布告第三條但書ニ依リテ處分スルノ外ナシ

年度後ノ延期

期滿得免

先取特權

地租ノ納税者

年度後ニ涉ル滯納ハ市町村會ニ於テ之ヲ免除スルヲ得ヘキヤ

（答）延期スルト免除スルトハ一ニ市町村會ノ議決ニ任セリ

期滿得免トハ如何

（答）期滿得免トハ法律上ノ推測ニシテ或ル期限ヲ經過セハ現在ノ義務ヲ免ル、ヲ云フ例ヘハ出訴期限ヲ過キタル貸借ノ裁判上ニ無効ナルカ如シ

先取特權ヲ行フノ順序如何

（答）第一ニ國税第二ニ地方税第三ニ町村税等其次ニ登記ヲ經タル債主最終ニ尋常ノ債主トス但司法裁判所ノ公賣ニ係リタルトキハ裁判上公賣ノ費用ヲ最初ニ控除セラルヘシ

第百三條〔市制、町村制〕

地租ノ納税者トハ單ニ所有者ニ限ラス地租條例第十二條ニ所謂地劵記名者若クハ質取主ヲ云フヤ

（答）然リ

市町村稅ヲ納ムル使用者

土地ニ對シテ賦課スル市町村稅ヲ納ムル使用者ハ第七條第二ノ其市町村ノ負擔分任者ト認ムヘキヤ

（答）然リ

土地ニ賦課スル稅金

土地ニ對シテ賦課スル市町村稅ハ如何ナル稅目ナルヤ

（答）地價割段別割ノ類ナリ

使用者

使用者トハ純然タル民法上ノ使用者即チ地借人小作人等ノミナラス第八十四條ノ共有物使用者モ包含スルヤ

（答）然リ第八十五條ニ其土地物件ニ係ル必要ナル費用トアル中ニハ稅金モ包含スヘシ

土地ニ賦課スル稅金怠納處分

土地ニ賦課スル町村稅ヲ其使用者ヨリ徴收スル場合ニ於テ若シ之ヲ怠納シタルトキハ直ニ公賣ニ付スルヲ得サルヤ如何

（答）明治十年第七十九號布告第一條ニ國稅ヲ上納セサルトキハ之ヲ賦課シタル賦課財產ヲ公賣シテ徵收スヘシトアルヲ以テ見レハ公賣セサルヘカラサルカ如シト雖モ又一方ヨリ見レハ他人ノ所有物ヲ濫リニ公賣シテ徵收スルヲ得サルヘシ依テ此ノ如キ場合ニハ其所有者ニ通知シ辨納セシメ若シ其辨納ヲ肯セサルトキハ公賣ヲ行フコトヽナスヲ穩當ナリト思考ス但前ニ述フルカ如キ處分法ノ制定發布ナキ間ハ土地ヲ公賣ニ付スルヲ得サルヲ以テ他ノ財產ニ付キ先取特權アルノミトス

使用者ノ怠納稅

土地ノ使用者ニ於テ稅金ヲ怠納シタル　トキ其土地ハ其納稅義務者ノ權利ニ屬スルモノニアラサレハ之ヲ公賣スルコトヲ得スト雖モ其質取權又ハ收益權ハ之ヲ公賣スルヲ得ヘキヤ

（答）然リ

第百四條　〔市制、町村制〕

町村税ノ賦課ニ不服者

町村税ノ賦課ニ不服アリテ訴願シタルトキハ其税金ヲ納メサルモ妨ケナキヤ

（答）第百五條第三項ニ訴願及訴訟ノ為メニ其處分ノ執行ヲ停止スルコトヲ得ストアレハ必ス税金ヲ納メサルヘカラス又現行ノ區町村費ニ關シ不服アリテ出訴スルトキモ亦其處分ノ執行ヲ停止スルコトナシ明治十五年五月第二十二號布告ニ課税ニ關スル處分ニ就キ不服アリテ出訴セントスル者ハ先ツ其旨ヲ申立課額ヲ上納シ領收證書ヲ添ヘ其翌日ヨリ六十日内ニ訴出ツヘシトアリ而シテ區町村費ノ不服者モ明治十七年七月第二十三號布告ヲ以テ明治十五年第二十二號布告ニ依ルコトヽナレリ

第百五條（市制、町村制）

所得ノ使用

市有財産并其所得ヲ使用スル權利　トアリ其所得ヲ使用スルト財産ヲ使用スルトノ區別如何

（答）所得ヲ使用スルトハ例ヘハ營造物又ハ財産ヲ直接ニ使用セサルモ其營造物又ハ財産ヨリ生スル利益ヲ使用スル場合ヲ云フナリ

所得ノ使用　トハ某註釋書ニ町村ノ營造物町村有ノ財産ニ對スル都テノ使用權ヲ指スモノニシテ必スシモ金錢ヲ云フニアラス畢竟此二字ハ利益ノ字ニ換テ看ルモ可ナラントアリ果シテ然ルヤ

（答）所得ノ二字ヲ利益ノ字ニ換ヘテ看ルハ可ナルヘキモ所得ノ使用ハ必スシモ都テノ使用權ヲ指シタルモノト云フヲ得ス本條ニ町村有ノ營造物町村有ノ財産并其所得ト三箇ノ使用權ヲ明記シアルヲ以テ明ナリ

所得ヲ使用スル權利　トハ某註釋書ニ曾テ法語ニ存セス又事實ノナキ事ナリ故ニ使用スルノ一句ハ法文ノ誤リナラント云ヘリ果シテ此一句ハ贅文ナルヤ

（答）贅文ニアラス營造物等ヨリ生スル利益ヲ使用スル權利ニ關シ爭ノ生ス

ル事ハ有リ得ヘキノ事柄ナリ例ヘハ町村有ノ家屋ヲ他人ニ貸渡シ其家税ヲ一部ノ人民ニ於テ費消セントスルトキ他ノ人民ニ於テ之カ使用ノ權利アリト爭フノ類是ナリ

使用ノ權利

町村有營造物町村有財產幷其所得ヲ使用スル權利 トハ第八十三條乃至第八十五條ノ使用權ノ有無存滅等ヲ指シタルモノナルヤ

（答）本條ノ使用ノ權利トハ重モニ第六條ノ凡町村住民タル者ハ此法律ニ從ヒ公共ノ營造物幷町村有財產ヲ共用スルノ權利ヲ有シトアル權利ニ照應シタルモノニテ第八十三條乃至第八十五條ノ使用權ノミヲ指シタルニアラス

使用ノ權利

使用ノ權利 トハ共用ト使用トノ兩義ヲ有スルヤ

（答）然リ

處分

處分 トハ本條ノ裁決ノ處分ニアラスシテ其訴願ノ原因トナリタル當初ノ處分ナリヤ

処分ノ執行
一時ノ公借

（答）然リ

處分ノ執行ヲ停止セス トアリ其理由如何

（答）租税等ノ徴收ニ當リ若情アル毎ニ其徴收ヲ停止スレハ行政事務ノ澁滯ヲ來スノ恐アレハナリ即チ本條ハ第百十六條第五項ニ此法律中別ニ規定アリ云々ハ此限ニ在ラストアル例外ノ一ナリ

第百六條（市制、町村制）

定額豫算內ノ支出ノ爲メ一時ノ借入金 ヲ爲スハ市會ノ議決權ニ屬スルヤ

（答）市會ノ議決ヲ要セス市參事會ノ意見ヲ以テ之ヲ行フヲ得ヘシ但町村ニテハ町村會ノ議決ヲ要スヘシ

第二款

第百七條（市制、町村制）

豫算表式

內務省令ヲ以テ豫算表式ヲ定ムルノ必要アリヤ

（答）豫算表ノ如キハ畫一ニアラサレハ統計上等ニ頗ル不便ナレハナリ

第百八條（市制、町村制）

明細表

明細表トハ町村有財産ノ明細取調表ナリヤ

（答）然リ

第百九條（市制、町村制）

豫備費

豫備費ヲ置クノ理由如何

（答）屢臨時會ヲ開クノ煩ヲ避クルカ爲メナリ

豫算ノ不足トハ歳入豫算課目中ニ不足ヲ生シタルコトヲ云フヤ

（答）歳出豫算費目ニ不足ヲ生シ費目ノ流用ヲ要スル場合ニシテ歳入豫算ノ不足ヲ指シタルモノニアラス

認定

市會ノ認定トハ議決ト同意味ナリヤ

（答）然リ

第百十條〔市制、町村制〕

収入役ノ責任

規定ニ背キタル支拂ハ收入役總テ其責ニ任ス　トアリ若シ收入役其損金ヲ辨償セサルトキハ身元保證金中ヨリ之ヲ補足セシムヘキヤ

（答）然リ

収入役ノ責任

收入役ノ失錯　ニヨリテ其町村ニ損害ヲ及ホシ身元保證金ニテ辨償額ニ不足スルトキハ司法裁判上之カ辨償ヲ求ムルヲ得ヘキヤ又ハ收入役ハ懲戒處分ヲ受クルニ止マルモノナルヤ

（答）町村會ノ議決ニ依リ裁判上辨償ヲ求ムルコトヲ得

監督官廳ノ命令

監督官廳ノ命令　ニ依リ支拂ヲナスハ如何ナル塲合ナルヤ

（答）市制第百十八條ノ臨時支出ヲ命スル塲合是ナリ

第百十二條〔市制、町村制〕

決算ノ審査

市參事會ニ於テ決算ヲ審査ヲナシ之ニ誤謬アルトキハ收入役ヲ懲戒スルヲ得ヘキヤ

（答）第六十五條第五項ニ依リ懲戒スルヲ得ヘキモ濫リニ行ハサルモノトス

決算ノ否認

市會ニ於テ決算ヲ否認シタルトキハ市參事會之カ處置ヲ如何ナスヘキヤ

（答）市會ノ非難スル所正當ナルトキハ之ヲ修正シ再議ニ付スヘキモ若シ市會ノ議決不法ナルトキハ府縣參事會ノ裁決ヲ請フヨリ外ナシト思考ス

第五章

第百十三條（市制）　第百十四條（町村制）

市内ノ一區

市内ノ一區トハ第六十條ニ所謂區ト同一ノモノナルヤ

（答）然リ

町村内ノ區及一部

町村内ノ區及町村内ノ一部ノ區別如何

（答）町村內ノ區トハ第六十四條ノ規定ニ從ヒ町村ノ行政便利ノ爲メニ區畫シテ區長ヲ置ク區ヲ云ヒ町村內ノ一部トハ從來一村內ニ於テ何組何屋敷等ト稱スル一部落ヲ爲スモノヲ云フ

條例

條例ヲ發行スルハ府縣參事會ナルヘキモ之ヲ議定スルハ市會ナルヤ如何

（答）否、條例ハ府縣參事會ニ於テ議定發行スヘキモノトス

條例

條例ハ市會ノ設定ニ係ラサルモノナレハ第百二十一條ノ規定ニ從ヒ內務大臣ノ許可ヲ受クルヲ要セサルヤ

（答）市會ノ議決ニ係ラサルモ內務大臣ノ許可ヲ受ケサルヘカラス

市會ノ例

市會ノ例ヲ適用ストアリ其適用スヘキ事項ハ如何

（答）第二章中ノ各項ニ準シ選擧幷被選擧權ノ事議員選擧方法ノ事議員定數幷補缺ノ事議員任期幷任期中退任ノ事及制裁ノ如キハ之ヲ適用スヘキモノ

区会

ナリ

區會ヲ設クルモ其區內ノ人民ハ之カ爲メ全市ニ對スル權利義務ニ增減ヲ生スルコトナキヤ

（答）然リ

事務ノ管理

第百十四條（市制）　第百十五條（町村制）

前條ノ事務ハ市參事會（町村長）之ヲ管理ス　トアリ然ラハ區長ハ區ノ事務ヲ管理スルヲ得サルヤ

（答）區ハ法人ニアラス又區長ハ區ノ機關ニアラサレハ區會ノ議決ハ區長直ニ之ヲ執行スルヲ得ス但區長ハ市參事會（町村長）ノ機關トナリ其區內ニ關スル事務ヲ補助執行スルノ職務ヲ有スレハ實際區會ノ議決ハ市參事會（町村長）ノ指揮命令ヲ受ケ區長之ヲ執行スヘシ

第六章（町村制）

第百十六條（町村制）

數町村事務ノ共同組合

數町村ノ事務ヲ共同處分スル爲メノ町村ノ組合　ハ水利土功又ハ小學校ノ區域ノ類ナルヤ

（答）學區ニ關シテハ小學校令ニ明文アルヲ以テ現今ニテハ本條ニ依リ數町村ノ協議ヲ以テ之ヲ設クルヲ得ス又之ヲ設クルノ必要ナシト雖モ水利土功等ノ如キ數町村ノ聯合ヲ必要トナスモノハ本條ニ依リ之ヲ設クヘキモノトス

第二項ノ組合

法律上ノ義務ヲ負擔スルニ堪フ可キ資力ヲ有セサル數町村ノ組合　ヲ設ケタルトキハ其組合ニ町村長助役各一名ヲ置キ又組合町村會ヲ開クヘキヤ

（答）然リ

組合中ノ町村長ノ選擧

組合町村中　ニ町村長助役ヲ置クトキハ之ヲ選擧スルハ組合會議ノ職權

町村限リノ議會ノ議長

ニ屬スルヤ

（答）然リ

町村ノ組合　ヲ設ケタルトキ組合內每町村限リノ事項ニ付テ各別ニ議會ヲ設クル場合ニ於テハ町村長之カ議長タルヘキヤ

（答）然リ恰モ現今ノ戸長カ其所轄內各町村會ニ議長タルカ如シ

組合町村會議員

組合町村各別ニ町村會ヲ設クルトキ　其組合町村會議員ノ定員及選出方法ハ如何

（答）第百十七條ニ明文アリ組合協議ノ規定ニ依ルヘシ

第百十七條　（町村制）

組合條例

組合協議　ヲ以テ規定シタル會議ノ組織事務管理幷費用支辨ノ方法ハ之ヲ組合條例ト稱スヘキヤ

（答）然リ

規定ノ變更

町村ノ協議ヲ以テ規定シタル事項ハ其組合會議ニ於テ之ヲ變更增減スルヲ得ルヤ

（答）然リ

規定ノ變更

郡參事會ニ於テ定メタル組合費用ノ分擔法等ハ組合會議ニ於テ之變更增減スルヲ得サルヤ

（答）變更增減スルトキハ郡參事會ノ認可ヲ受クヘシ

組合吏員ノ退隱料

町村組合ノ有給吏員ノ退隱料等本條ノ明文外ニ規定ヲ要スル事項アルトキハ組合條例ヲ以テ之ヲ規定スルヲ得ヘキヤ

（答）然リ

組合條例

組合條例ハ其組合町村人民ヲシテ遵奉セシムルノ効力アルコト町村條例ノ其町村人民ニ對スルト異ナルノ理ナカルヘシ然ラハ其條例ハ第百二十五條ニ依リ内務大臣ノ許可ヲ受ケサルヘカラサルヤ

（答）然リ

組合會議々員ノ選擧等

組合會議ハ其性質タル町村公民ノ會議ナルヲ以テ其議員ノ選擧手續資格任期等ハ總テ町村制ノ規定ニ依ルヘキヤ

（答）然リ

組合會議々員數

組合會議々員數ハ町村制第十一條ノ議員定數ニ拘ハラス組合ノ協議ヲ以テ之ヲ定ムルコトヲ得ヘキヤ

（答）適宜之ヲ定メ妨ケナシト思考ス

組合會議出席議員ノ制限

組合會議々員ノ出席數町村制第四十三條ノ規定ノ如ク議員總數三分二以上ニ達スルモ組合中ノ一町村ヨリ議員一人モ出席セサルトキハ會議ヲ開クヲ得サルヘキヤ

（答）組合條例ニ反對ノ規定ナキ限リハ之ヲ開クモ妨ケナシト思考ス

組合町村ハ一個ノ町村

組合町村ハ之ヲ一個ノ自治體ト見做スヘキヤ

ト見做スヲ得ス

組合町村ノ公民權

府縣郡參事會ノ參與スル場合

（答）數個町村ノ組合ナレハ之ヲ一個ノ自治體ト見做スヲ得ス

組合町村中甲村ニ土地ヲ所有スル者ニシテ乙村ニ居住スルトキハ其各町村內ニテハ公民タルノ要件ヲ缺クモ其組合內ニテハ公民權ヲ有スヘキヤ

（答）一町村內ニテ公民權ヲ有セサル者ハ亦組合內ニテ公民權ヲ有セス

第六章（市制）　第七章（町村制）

第百十五條（市制）　第百十九條（町村制）

法律ニ指定シタル場合ニ於テ府縣郡參事會ノ參與スルトハ如何ナル場合ヲ云フヤ

（答）市制第百十九條第百二十條第百二十三條町村制第六十條第六十二條第百二十三條第百二十四條第百二十七條ノ如キ場合ヲ云フ

第百十六條（市制）　第百二十條（町村制）

處分ト裁決ノ區別

處分ト裁決トノ區別如何

（答）處分トハ職務ノ執行ニ關スル措置ニシテ裁決トハ權利ノ消長ニ關スル裁斷ナリ

國ノ行政ニ關スル處分ニ不服者ノ訴願等

町村ノ行政ニ關スル郡長若クハ郡參事會ノ處分若クハ裁決ニ不服云々トアリ若シ國ノ行政ニ關スル郡長若クハ郡參事會ノ處分若クハ裁決ニ不服アルトキハ亦本制ニ依リ訴願若クハ訴訟ヲナスヲ得ヘキヤ

（答）國ノ行政事務ニ關シテハ各其法律ノ規定ニ從フモノトス

法律中ニ指定スル場合

此法律中ニ指定スル場合トハ如何

（答）市制第五條第八條第四項第二十九條第三十五條第六十四條第七十八條第百五條第百二十四條ニ規定シタルモノナリ

監督官廳ノ監視

第百十七條（市制）**第百二十一條**（町村制）

監督官廳ノ監視ノ爲メ書類帳簿ヲ徵シ若クハ出納ヲ撿閲スルニハ一定

ノ時期ヲ定ムヘキモノナルヤ
（答）隨時之ヲ行フヘキモノトス

議決セサル場合

第百十九條（市制）第百二十三條（町村制）
議決ス可キ事件トハ此法律中ニ規定アル事件ナルハ勿論ナレ𪜈其議決セサルトハ一旦議事ヲ開クモ議決ニ至ヲサル場合ヲモ包含スルヤ
（答）然リ

市會ノ解散

第百二十條（市制）
內務大臣ノ市會ヲ解散セシムルハ　其議事法律ヲ犯シ又ハ國ノ治安ニ妨害アルトキニ限レルモノナルヘシト雖モ此法律中ニ明示ナキハ如何
（答）別ニ明示ナキモ妨ケス議會ノ解散ハ容易ニ之ヲ行フヘキモノニアラス況ンヤ內務大臣之カ下命權ヲ有スルニ於テオヤ

第百二十五條（町村制）

人口一萬以上ノ町村條例

人口一萬以上ノ町村ノ條例ノ許可ニ限リ勅裁ヲ經ルノ理由アリヤ

（答）人口稠密ノ町村ハ之ヲ市ニ準シ取扱ヲナスノ必要アルト且町村條例ハ其性質ヨリ言ヘハ勅裁ヲ經ヘキモノナルヘシト雖モ總テノ町村條例ヲ勅裁ヲ經ルコトハ實際出來難キコトナルヘシ故ニ人口一萬以下ノ町村ノ條例ノ許可ハ内務大臣ノ專權ニ委子ラレタルモノナルヘシ

短期ノ負債

第百二十二條（市制）第百二十六條（町村制）

償還期限三年以内ノ負債ハ内務大臣及大藏大臣ノ許可ヲ受クルノ限ニ在ラサルヘシト雖モ若シ其負債額ノ巨大ナルトキハ其市町村後來ノ命脈ニモ關スルコトナキヲ保スヘカラス故ニ本條但書ノ如キハ姑ラク實行セサルヲ市町村ノ利益ナリト思考ス如何

（答）法律ノ精神ハ質問者ノ憂フル如キニ在ラサルヘキモ自治制施行ノ創ニ

在リテハ或ハ其憂ナキヲ保セス此點ニ付テハ郡長ノ監督上ニ於テ宜シク注意スヘキコトナルヘシ

地租七分一

直接國税ノ附加税　ノ限度ヲ百分ノ五十ト定メ地租ニ限リ七分ノ一ト定メタル理由如何

（答）地租ノ制限ハ明治十八年第二十五號布告ノ制限ヲ襲用シタルモノナルヘシ

第百二十三條（市制）　第百二十七條（町村制）

各種ノ保證　トハ質入書入抵當等ヲ云フト某註釋書ニ在リ果シテ然ルモノナルヤ

（答）然ラス保證トハ市町村カ市町村ノ資格ヲ以テ共同利益ノ爲メ或ル組合又ハ會社ノ事業ニ收益ノ保證ヲ與フルヲ云フ例ヘハ日本政府カ日本帝國ノ利益ノ爲メ日本鐵道會社等ニ毎年若干金ノ保證ヲ與フルカ如シ

産財ノ交換

町村有財産ノ交換ニハ郡參事會ノ許可ヲ受クルヲ要セサルヤ

（答）然リ交換ハ賣却等ト異ナリテ其價格ニ變動ヲ來サヽレハ郡參事會ノ監督ヲ要セサルナリ

官吏懲戒例ノ適用

第百二十四條（市制）　第百二十八條（町村制）

官吏懲戒例ヲ適用ス可シトアリ其適用スヘキハ明治九年第三十四號達中何レノ條ナルヤ

（答）該條例第三條ニ譴責ハ懲戒ノ輕キモノトシテ本屬長官ヨリ譴責書ヲ付ストアルト及ヒ第十條ニ其有心故造私罪ニ入ル者ハ司法官ニ移シ本屬長官專ラ處分スルコトヲ得ストアルノ二條ナリ

假差押

第百二十五條（市制）　第百二十九條（町村制）

假差押ハ參事會ヨリ司法裁判所ニ請求シテ之ヲ行フヘキヤ

（答）然ラス參事會カ裁判未確定中義務者ノ財産處分權ヲ拘束スルハ此法律

ニテ與ヘタル權利ナレハ該會ハ司法裁判所ニ請求スルニ及ハス直ニ義務者ノ動產不動產ヲ差押フルコトヲ得

市町村制質問錄尾

明治二十二年一月廿一日印刷并出版　正價金三十錢

版權所有

著作者　岡山縣士族　片貝正晉
本郷區湯島三組町十八番地寄留

發行兼印刷者　兵庫縣士族　長尾景弼
芝區三田壹丁目三拾六番地寄留

發行所

東京銀座四丁目　博聞本社
大阪備後町四丁目　仝分社
千葉縣下千葉　仝分社
埼玉縣下浦和　仝分社
福岡縣下博多　仝分社
佐賀縣下佐賀　仝代理店

大販賣所

尾州名古屋本町　片野東四郎
駿州靜岡江川町　廣瀬文林堂
信州長野町　西澤喜太郎
福島縣福島　石川支店
陸前仙臺大町　木村文助
函館末廣町　魁文社
越後長岡　目黒十郎
加州金澤　牧野一平
伊豫松山湊町　土肥與平
備前岡山　森楨藏
藝州廣島大手通一丁目　早速社
肥後熊本　長崎次郎
薩州鹿兒島六日町通中町　吉田幸兵衞

販賣所

東京日本橋通三丁目　丸善書店
東京南傳馬町壹丁目　近江屋半七
東京神田表神保町　中西屋邦太
東京神田南神保町　須原鐵二
東京神田錦町三丁目　時習社
東京神田裏神保町　明法堂
東京神田小川町　集成社
西京東洞院三條上ル　村上勘兵衞
西京佛光寺通烏丸東ヘ入ル　東枝吉兵衞
西京河原町通　大黒屋太郎右衞門
西京寺町通五條上ル　飯田信文堂
大阪本町四丁目　岡島眞七
大阪心齋橋通二丁目　松村九兵衞
大阪備後町四丁目　吉岡平助
横濱辨天通四丁目　丸善書店
肥前長崎引地町　鶴野常藏
越後新潟古町通二番町　井筒駒吉
濃州岐阜　三浦源助
紀州和歌山北町　津田源兵衞
越前福井照手上町　岡崎左喜助
備前岡山　細謹社
雲州松江本町　園山喜三右衞門
因州鳥取火ノ見下　前島榮次郎
阿州徳島　阪井萬吉
陸奥弘前土手町　野崎九兵衞

地方自治法研究復刊大系〔第61巻〕

市町村制質問録

日本立法資料全集 別巻 751

2011(平成23)年12月25日　復刻版第1刷発行　6577-4:012-020-015

編述　片貝正晋
発行者　今井貴
　　　　稲葉文子
発行所　株式会社信山社
〒113-0033 東京都文京区本郷6-2-9-102東大正門前
Ⓣ03(3818)1019　Ⓕ03(3818)0344
来栖支店〒309-1625 茨城県笠間市来栖2345-1
Ⓣ0296-71-0215　Ⓕ0296-72-5410
笠間才木支店〒309-1611 笠間市笠間515-3
Ⓣ0296-71-9081　Ⓕ0296-71-9082
印刷所　ワイズ書籍
製本所　大三製本
用紙　七洋紙業

printed in Japan　分類 323.934 g 751

ISBN978-4-7972-6577-4 C3332 ¥28000E

1925 **比較法学の課題と展望 －大木雅夫先生古稀記念－** 記念論文集S
0101 滝沢 正 編集代表(上智大学法学部教授) 論文集ながら体系的研究書でありテキストでもある/研究書
15,540円(本体14,800円) A5変上表/504頁/4-7972-1925-4 C3332/200204刊 /01-322.990-a001

3100 **現代比較法学の諸相**
0101 五十嵐 清 著(北海道大学名誉教授) 一流比較法学の真髄から法文化の源に迫る法を超えた文化論でもある/研究書
9,030円(本体8,600円) A5変上表/344頁/4-7972-3100-9 C3332/200207刊 /01-322.990-a002

1781 **比較法の方法** 田島裕著作集別巻1
0101 田島 裕 著(筑波大学名誉教授・獨協大学法学部教授) 比較法とは何か?いきいきとした比較の世界 学術選書法律295/研究書
3,129円(本体2,980円) 四六変上カ/224頁/4-7972-1781-2 C3332/199806刊 /01-322.990-a003

323.000 公法・憲法全般ほか

5229 **公法の思想と制度 －菅野喜八郎先生古稀記念論文集－** 記念論文集S
0101 新 正幸・早坂禧子・赤坂正浩 編(金沢大学法科大学院教授・桐蔭横浜大学教授・神戸大学法科大学院教授) 菅野先生門下生による公法の基本原理に迫る論文集 学術選書法律340/研究書
13,650円(本体13,000円) A5判上箱/514頁/4-7972-5229-4 C3032/199909刊 /08-323.000-a001

2185 **現代国家の憲法的考察 －清水睦先生古稀記念論文集－** 記念論文集S
0101 編集代表 植野妙実子(中央大学理工学部教授) 清水睦先生の門下生13名の論文を収録/研究書
12,600円(本体12,000円) A5判上箱/422頁/4-7972-2185-2 C3332/200012刊 /02-323.000-a002

2228 **情報社会の公法学 －川上宏二郎先生古稀記念論文集－** 記念論文集S
0101 記念論文集刊行委員会 編 現代の行政情報と行政活動の重要課題/研究書
21,000円(本体20,000円) A5変上カ/758頁/4-7972-2228-X C3332/200209刊 /02-323.000-a003

2086 **法と情報 －石村善治先生古稀記念論文集－** 記念論文集S
0101 「法と情報」刊行企画委員会 編 言論法研究の石村先生に贈る記念論文集 学術選書法律280/研究書
15,750円(本体15,000円) A5変上箱/498頁/4-7972-2086-4 C3332/199708刊 /02-323.000-a030

6033 **国家安全保障の公法学**
0101 山下愛仁 著(航空自衛隊幹部学校付 防衛研究所一般過程在籍) 防衛法を貫く法原理の探究/研究書
7,140円(本体6,800円) 四六変上カ/336頁/978-4-7972-6033-5 C3332/201005刊 /32-323.000-a031

9299 **日本の人権・世界の人権**
0103 横田洋三 著(中央大学法学部教授) 国際的視点から人権をみぢかなものに/研究書
1,680円(本体1,600円) 四六変並カ/200頁/978-4-7972-9299-2 C3332/200803刊 /18-323.001-a000

2617 **憲法解釈演習〔第2版〕 －人権・統治機構－**
0201 棟居快行 著(大阪大学大学院高等司法研究科教授) 通説・判例を武器に解く問題演習書/教科書
2,940円(本体2,800円) A5変並カ/310頁/978-4-7972-2617-1 C3332/200904刊 /02-323.011-c001

9286 **憲法学の基礎理論**
0101 新井 誠・高作正博・玉蟲由樹・真鶴俊喜 著 説例から憲法の基礎と視点を読み解く/教科書
3,045円(本体2,900円) A5変並カ/344頁/4-7972-9286-5 C3332/200604刊 /18-323.011-c009

◆◆◆ 323.100 憲法全般 ◆◆◆

3231 **憲法の基礎理論と解釈** 学術選書3231
0101 尾吹善人 著(千葉大学名誉教授) 主要全49論考を集成した著者の精髄/研究書
22,500円(本体21,000円) A5変上箱/696頁/978-4-7972-3231-8 C3332/200701刊 /01-323.100-a012

2582 **憲法第9条改正問題と平和主義 －争点の整理と検討－**
0101 大阪弁護士会憲法問題特別委員会 編 憲法9条をめぐる問題を多角的に検討/研究書
5,250円(本体5,000円) A5変上表/440頁/978-4-7972-2582-2 C3332/201002刊 /43-323.100-a013

323.105 明治憲法

933 **欧米の軍制に関する研究** 学術選書法律070
0101 藤田嗣雄 著(元陸軍教授・陸軍大学教官・元上智大学教授) 日本における軍制研究の金字塔/研究書
50,400円(本体48,000円) A5変上箱/660頁/4-88261-933-4 C3031/199105刊 /01-323.105-a103

日本立法資料全集 別巻
地方自治法研究復刊大系

傍訓 **市町村制及説明**〔明治21年5月発行〕／高木周次 編纂
市制町村制正解 附 理由〔明治21年6月発行〕／芳川顯正 序文 片貝正晉 註解
市制町村釈義 附 理由書〔明治21年6月発行〕／清岡公張 題字 樋山廣業 著述
市制町村制釈義 附 理由 第5版〔明治21年6月発行〕／建野郷三 題字 櫻井一久 著
傍訓 **市制町村制註解** 附 理由書〔明治21年8月発行〕／鱠江貞雄 註解
市制町村制註釈 附 市制町村制理由 3版増訂〔明治21年8月発行〕／坪谷善四郎 著
市制町村制註釈 完 附 市制町村制理由〔明治21年9月発行〕／山田正賢 著述
傍訓註釈 **日本市制町村制** 及 理由書 第4版〔明治21年9月発行〕／柳澤武運三 註解
鼇頭参照 **市町村制註解** 完 附 理由書及参考諸令〔明治21年9月発行〕／別所富貴 著述
増訂 **市制町村制註解** 全 附 市制町村制理由挿入 第3版〔明治21年10月発行〕／吉井太 註解
鼇頭註釈 **市町村制俗解** 附 理由書 増補第5版〔明治21年10月発行〕／清水亮三 註解
市町村制施行取扱心得 上巻・下巻 合冊〔明治21年10月・22年2月発行〕／市岡正一 編纂
市制町村制詳解 附 理由 第3版〔明治21年11月発行〕／今村長善 著
市町村制問答詳解 附 理由 全〔明治22年1月発行〕／福井淳 著述
市町村制質問録〔明治22年1月発行〕／片貝正晉 編述
市町村制実解〔明治22年2月発行〕／山田顕義 題字 石黒磐 著
町村制実用 全〔明治22年3月発行〕／小島鋼次郎 岸野武司 河毛三郎 合述
実用詳解 **町村制** 全〔明治22年3月発行〕／夏目洗蔵 編集
参照比較 **市町村制註釈** 完 附 問答理由〔明治22年6月発行〕／山中兵吉 著述
公民必携 **市町村制実用** 全 増補第3版〔明治25年3月発行〕／進藤彬 著
改訂増補鼇頭参照 **市町村制講義** 第9版〔明治28年5月発行〕／蟻川堅治 講述
改正増補 **市町村制実務要書** 上巻〔明治29年4月発行〕／田中知邦 編纂
改正増補 **市町村制実務要書** 下巻〔明治29年7月発行〕／田中知邦 編纂
市制町村制註釈 附 市制町村制理由 第14版〔明治29年11月発行〕／坪谷善四郎 著
府県制郡制註釈〔明治30年9月発行〕／岸本辰雄 校閲 林信重 註釈
市制町村制應用大全 完〔明治31年4月発行〕／島田三郎 序 大西多典 編纂
再版 **市町村制例規**〔明治34年11月発行〕／野元友三郎 編纂
傍訓 **市制町村制註釈**〔明治35年3月発行〕／福井淳 著
自治行政例規 全〔明治40年10月発行〕／市町村雑誌社 編著
改正 **府県制郡制要義** 第4版〔明治40年12月発行〕／美濃部達吉 著
市制町村制講義 全〔明治43年6月発行〕／秋野沆 著

信山社

日本立法資料全集 別巻
地方自治法研究復刊大系

改正 市制町村制講義 第4版〔明治43年6月発行〕／土清水幸一 著
旧制対照 改正市町村制 附 改正理由〔明治44年5月発行〕／博文館編輯局 編
改正 市制町村制詳解〔明治44年5月発行〕／坪谷善四郎 著
改正 市制町村制正解〔明治44年6月発行〕／武知彌三郎 著
改正 町村制詳解〔明治44年8月発行〕／長峰安三郎 三浦通太 野田千太郎 著
改正 市制町村制釈義〔明治44年9月発行〕／中川健藏 宮内國太郎 他 著
改正 市制町村制正解 附 施行諸規則〔明治44年10月発行〕／福井淳 著
新旧比照 改正市制町村制註釈 附 改正北海道二級町村制〔明治44年11月発行〕／植田鹽恵 著
改正 市制町村制精義 全〔明治44年12月発行〕／平田東助 題字 梶康郎 著述
改正 市町村制問答説明 附 施行細則 訂正増補3版〔大正1年12月発行〕／平井千太郎 編纂
改正 市制町村制註釈 附 施行諸規則〔大正2年3月発行〕／中村文城 註釈
増訂 地方制度之栞 第18版〔大正2年6月発行〕／警眼社 編集 編纂
市制町村制正義〔第3版〕第一分冊〔大正3年10月発行〕／清水澄 末松偕一郎 他 著
市制町村制正義〔第3版〕第二分冊〔大正3年10月発行〕／清水澄 末松偕一郎 他 著
改正 市制町村制 及 附属法令〔大正3年11月発行〕／市町村雑誌社 編著
市制町村制実例大全〔第3版〕第一分冊〔大正5年9月発行〕／五十嵐鑛三郎 著
市制町村制実例大全〔第3版〕第二分冊〔大正5年9月発行〕／五十嵐鑛三郎 著
実地応用 町村制問答 第2版〔大正6年7月発行〕／市町村雑誌社 編纂
改正 市町村制註釈〔大正10年6月発行〕／田村浩 編集
市制町村制 並 附属法 訂正再版〔大正10年8月発行〕／自治館編集局 編纂
改正 市町村制詳解〔大正10年11月発行〕／相馬昌三 菊池武夫 著
改正 市制町村制逐條示解〔改訂54版〕第一分冊〔大正13年5月発行〕／五十嵐鑛三郎 他 著
改正 市制町村制逐條示解〔改訂54版〕第二分冊〔大正13年5月発行〕／五十嵐鑛三郎 他 著
市制町村制実務要覧〔大正13年7月発行〕／梶康郎 著
実例判例文例 市制町村制総覧〔第10版〕第一分冊〔大正14年5月発行〕／法令研究会 編纂
実例判例文例 市制町村制総覧〔第10版〕第二分冊〔大正14年5月発行〕／法令研究会 編纂
註釈の市制と町村制 附 普通選挙法〔昭和3年1月発行〕／法律研究会 著
新旧対照 市制町村制 並 附属法規〔昭和4年7月発行〕／良書普及会 著
実例判例 市制町村制釈義 昭和10年改正版〔昭和10年9月発行〕／梶康郎 著
改訂増補 市制町村制実例総覧 第一分冊〔昭和10年10月発行〕／良書普及会 編纂
改訂増補 市制町村制実例総覧 第二分冊〔昭和10年10月発行〕／良書普及会 編纂

以下続刊